马克思主义和中国传统文化十二讲

陈先达　著

人民出版社

前　言

在不久前召开的文化传承发展座谈会上，习近平总书记指出，“在五千多年中华文明深厚基础上开辟和发展中国特色社会主义，把马克思主义基本原理同中国具体实际、同中华优秀传统文化相结合是必由之路。这是我们在探索中国特色社会主义道路中得出的规律性的认识，是我们取得成功的最大法宝。”① 这一重要论断，是对中国共产党一百多年奋斗过程中历史经验的深刻总结，具有重要的理论和现实意义。

历史是多种因素合力的结果，对于一个国家发展道路的历史合力来说，内因是主要的。内因既有历史因素又有现实因素。历史因素主要体现为中国的文化传统，因此，在全面

① 《习近平在文化传承发展座谈会上强调　担负起新的文化使命　努力建设中华民族现代文明》，《人民日报》2023 年 6 月 3 日。

建设社会主义现代化国家的新征程上，把马克思主义基本原理同中华优秀传统文化相结合尤为重要。

我是一个马克思主义理论工作者，很关注我们理论界、思想界关于文化问题的讨论，尤其是重视马克思主义与中国传统文化关系问题的讨论。因为，一个是我的专业，是我的信仰，是我六十多年毫不动摇忠诚不渝为之献身的理论事业；另一个是我的文化之根，是世世代代用文化乳汁哺育我们的精神母亲。我不重视马克思主义，就不是马克思主义理论工作者；我贬低中国传统文化数典忘祖，我就不是一个中国人。对我来说，不存在马克思主义与中国传统文化孰重孰轻的问题，只存在如何正确理解和处理两者关系的问题。我最近几年写了一些文章，阐述马克思主义和中国传统文化的关系，也谈到了中华民族文化的基本精神与中国传统文化的当代价值。我的全部文章，基本上都是围绕坚持马克思主义，重视中国传统文化，以及应该如何认识和处理它们两者关系为轴心展开的。我强调站在社会形态更替的高度来审视马克思主义和中国传统文化的关系，历史地看，只有以马克思主义为指导，才能实现救亡图存，使中华民族走出落后挨打的状态；只有继承中华优秀传统文化，马克思主义才能在中国取得胜利。马克思主义是中国革命、建设和改革的指导思想，中华优秀传统文化是中华民族的精神血脉，不能非历史地争论二者孰优孰劣，应当研究马克思主义中国化的文化内涵。传入中国的马克思主义为中国人提供了审视中国传统文化的科学态度，使我们辨别精华与糟粕，处理好传承与创新的关系，通过与实践结合重新阐释与时代相适应的中华优秀传统文化，在守正创新中坚定文化自信。

我的认识不一定正确，但我力求以马克思主义为指导提高自己对中国传统文化的创新和转化的理解，通过学习和研究中国传统文化来提高自己的马克思主义理论水平，甚至文章写作风格。我短于思辨，也不善纯概念的逻辑推演。我喜欢中国哲学那种充满智慧、诙谐潇洒、言短意赅的风格，惜乎终身不得入门："望洋方知自身丑，伏案更感知无涯。宁肯夸父追日死，羞为夏虫耻作蛙"。这是我读《庄子》写下的感慨！

马克思主义与中国传统文化关系问题并不是新问题，可以说，自马克思主义传入中国后就已经开始，只是由于时代条件变换，时起时伏，时隐时显，时高时低，但从未断绝。有人至今仍然责怪，马克思主义的传入打断了中国传统文化发展的进程。马克思主义成为中国传统文化衰落的罪魁祸首，马克思主义取代了中国传统文化，马克思打倒了孔夫子。我把此种说法归之为奇谈怪论。

不错，鸦片战争以后，中国封建制度风雨飘摇已经成为随时倾倒的破房子，最善裱糊的李鸿章等人也裱糊乏术。中国封建社会行将进入坟墓。是什么力量在挑战以儒学为主导的中国传统文化？说到底，不是五四新运动，更不是马克思主义。这些是中国社会自身要求变革的结果，而不是原因。最深层的原因是西方资本主义的入侵，西方工业文明压倒中国农业文明，资本主义的西方战胜封建主义的东方，中国陷于瓜分豆剖的绝境。随之而来的必然是长期作为中国封建社会主导意识形态的儒家学说失去了它原来的地位，长期被供奉在孔庙中的孔子也失去了它的思想权威，成为被打倒的对象，因为他被视为中国封建社会的头号思想代表。这当然是片面的，但不是无缘无故的。恩格斯说过，刺刀永远敌不过棉花。生产方式是决定性的。应该说是中国原有的封建社会经济结构和政治结构的被摧毁，必然导致中国传统文化的衰败。在衰落中玉石俱焚，清浊难辨是不可避免的。恰好是中国共产党的成立，恰好是马克思主义的传入，使中国马克思主义者，中国共产党人既纠正在五四运动中某些片面观点，又反对全盘西化，用马克思主义观点正确对待中国传统文化，为中国寻找新的出路。不仅是中国社会向何处去的出路，也包括中国传统文化的出路。认真说来，不是马克思主义和中国共产党中断了中国传统文化，而是挽救了中国传统文化，并为日后中华民族文化复兴开辟了道路。

马克思主义与传统文化不是对立的。马克思主义自身就是在人类全部知识基础上，尤其是19世纪德、英、法思想文化成果基础上产生的。马克思主义的创始人马克思和恩格斯从来没有反对过德国的文化遗产，相反强调德国工人阶级要继承德国的传统文化，而且强调德国的工人阶级是德国传统文化的当然继承者。中国共产党从来没有笼统地反对中国传统文化。毛主席的文章、讲话，都很重视传统文化。毛主席说过："从孔夫子到孙中山，我们应当给以总结，承继这一份珍贵的遗产。"[①] 虽然在实际政策中我们对待中国传统文化有过"左"的错误，但中国共产党人是中华优秀传统文化的当然继承者，这个原则是不会变的。

自改革开放以来，中国社会经济结构、政治结构、文化结构都发生了变化。有人称为"静悄悄的革命"，这可不是静悄悄的革命，变化还是比较急剧的。以公有制为主体多种所有制的存在和迅速发展；市场经济中货币在人与人的关系中的作用的强化；农村的变化和农村家庭结构的解体；利益关系结构的大调整带来的贫富分化；等等。人们思想多元化、价值观念多元化，已成为不争的事实。在已经变化了的新的经济基础上，仍然要原封不动保持小农经济下的社会关

① 《毛泽东选集》第2卷，人民出版社1991年版，第534页。

系和道德伦理关系，根本不可能；城市也是一样。笑贫不笑娼，宁在宝马车里哭，不在自行车上笑，为住房，为遗产，兄弟姐妹对簿公堂的事，并不少见。这说明，我们的价值观念和道德观念需要重建，但价值观念和道德观念重建不是彻底否定传统道德，更不是全盘回归传统道德，而是必须以全面深化改革，反对腐败，规范市场经济秩序、社会秩序，优化以社会主义伦理为基础的社会主义新道德的重建。

毫无疑义，在价值观念和道德重建中，中国传统文化尤其是儒家文化具有重要的作用。但弘扬儒学同样要与时俱进，取其精华，去其糟粕，仍然是我们研究儒学的基本方法。即使是儒学中的精彩的东西，由于时代不同，也必须经过创造性转化和创新性发展，而不是简单地拿来就能用的。例如，孝，儿女要孝敬父母，这是天经地义的。可是如何才算孝，孝的内容和方式肯定不能千古不变。我们不可能再用儒家对孝的具体要求的方式来要求当代人，“父母在，不远游，游必有方”，行不通；“晨昏定省”，更不可能。适用于于农业社会，适用四世同堂的家庭结构的亲情与孝道方式，在社会主义市场经济条件下可能荡然无存。但子女要孝敬父母是不能变的，儒家倡导的孝道精神是应该继承的，但内容和方式必然会有变化。不仅是孝，包括所谓五常，即仁义礼智信的内容都会有新的内涵。中国共产党要弘扬中华优秀传统文化，文化虚无主义应该反对。老祖宗丢了不行，但是必须根据我们当代社会给予新的转换和发展。“天不生仲尼，万古如长夜”的说法是不对的。孔子是历史人物，儒家经典包括《论语》都是历史文本，有它的时代特性，不应随意解读，但儒家学说应该结合时代、结合现实创新和发展。

我是历史唯物主义者，我重视文化，但不赞成文化决定论；我重视地理环境，但反对地理环境决定论。从文化史来看，河流与文化关系最为密切。几乎各大著名文化形态都与河流不可分割。古埃及的文明得益于尼罗河；巴比伦文化得益于底格里斯河和幼发拉底河，所谓两河文明；古印度得益于印度河；中国得益于黄河；希腊虽然没有河，但得益于爱琴海。从人类文明来说，无论是农耕还是贸易都得依靠河流。可是几大文明中，只有中华民族文化源远流长，从未中断，而其他则不然。尼罗河依然存在，但当代埃及与古埃及不是一脉相承；两河流域依然存在，但叙利亚并非当年的巴比伦；爱琴海仍然是爱琴海，但当代希腊已无当年的古希腊哲学文化盛况；印度河仍然是印度河，但当代印度并不是古代印度的继承者。只有中国文化是数千年，一脉相承。只有中国，黄河仍然是黄河，中华民族依然是中华民族，中华民族文化仍然是中华民族文化。这是世界上独一无二的现象。为什么？有学者说，是因为中国有一个一以贯之的东西，这就是中华民族的传统文化。这当然正确。可传统文化之所以能一以贯之，不能单纯归之于文化，而要同时考察中国的经济和政治。总的说来，自秦始皇统一中国后，中国并没有发生长期分裂，它始终是一个中央集权的由各级郡县制支撑的统一的国家。虽然存在过不同的民族政权，但统一的中国始终处于主导地位。中国也有过短暂分裂，有过少数民族入主中原，但仍然是一个中国，仍然是尊孔，读儒家经典，中华民族文化仍然是中华民族文化。没有文化的分裂就没有国家的分裂，反过来更可以说，只要国家不分裂，就不会发生文化中断。其他几种文化的断流，都是因为原有帝国的分裂或征服。国家分裂，必然是民族文化碎片化。我们要区分国家与政权。中国有过多种政权并存，有过蒙古族、满族入主中原，这只是当皇帝，是政权，可中国仍然是中国。王朝可以更替，政权可以易手，皇帝可以是少数民族，可文化仍然是中华民族文化，当的都是中国的皇帝。因此宋元明清是一脉相承的，属于中国历史。元人代宋，清人灭明，只是改朝换代，而不是国家的改变，照样拜孔子，读四书，开科取士，吟诗作赋。清朝历代皇帝就汉化程度说，与汉人皇帝没有什么区别，甚至文化修养比有的汉族皇帝更高。因此少数民族入主中原，它属于政权的变化，王朝的变化，而不是中华民族文化的中断。

由此我认为，任何爱护中华民族文化的人，必须同时是一个爱国主义者，必须维护中华民族的独立和领土完整。中国的分裂，就是中华民族文化的碎片化，就是中华民族文化发展的中断。在当代，只有坚持中国共产党的领导，坚持社会主义，坚持马克思主义指导地位，才能保证中华民族文化永不断流。这就是我为什么大声疾呼，要正确处理马克思主义与中国传统文化关系的原因。

回顾一百多年来我们党领导人民走过的奋斗历程，我是很有信心的，因为我看到，一个曾经备受西方列强压迫和侵略的民族，一个曾经落后于西方发达国家的民族，依靠艰辛跋涉和矢志不渝的探索，建立了与自己的民族特点相符合的社会主义制度和现代化道路，现在比历史上任何时期都更接近中华民族伟大复兴的目标。

陈先达

2023 年 6 月

目　录

第一讲

马克思主义的本质特性和当代价值

◇ 马克思主义的本质特性：科学性、人民性、实践性、发展开放性

◇ 马克思主义的历史价值和现实价值

◇ 掌握马克思主义基本原理，才能真正体会马克思主义的当代价值

◇ 读马克思主义经典、悟马克思主义原理

党的十八大以来，习近平总书记主持中央政治局多次进行以马克思主义理论为主题的集体学习，先后学习了历史唯物主义、辩证唯物主义、马克思主义政治经济学的基本原理和方法论，当代世界马克思主义思潮及其影响、《共产党宣言》及其时代意义。

我们党把系统掌握马克思主义基本理论作为看家本领和必修课，就是因为马克思主义是科学的、人民的、实践的、不断发展的开放的理论，它既具有历史价值又具有无可替代的当代价值，不仅回答了各种社会主义学说无法解决的资本主义向何处去的历史之问和当时的时代之问，也是我们解决当代中国问题和观察当代世界走向的理论指南，是中国共产党人的定海神针。

自恩格斯逝世后，尤其是苏联解体、东欧剧变后，马克思主义受到很多攻击，形形色色的马克思主义“过时论”不绝于耳。这些言论尽管花样翻新，但万变不离其宗：否定马克思主义的科学性、人民性、实践性和发展开放性，以便

“理直气壮”地否定马克思主义的当代价值。因此，如何把握马克思主义的本质特性，关系到如何看待马克思主义的当代价值，关系到在实践领域尤其是意识形态领域能不能真正念好马克思主义“真经”。

一、马克思主义的本质特性：科学性、人民性、实践性、发展开放性

马克思主义是科学的理论。马克思主义的科学性在于它是以事实为依据、以规律为对象，以实践作为检验标准的理论。以事实为依据是科学性的前提。任何科学，无论是自然科学还是社会科学，都必须建立在事实的基础上，违背事实的所谓理论只能是臆测甚至是谬论；马克思主义最重视事实，但不停止于事实，而是从事实中总结出规律，这就是实事求是，规律性是马克思主义科学性的核心内容；而且马克思主义以实践作为认识是否具有真理性的标准，在实践中检验自己的理论，以保证自己理论的科学性。

马克思主义具有强大的、不可遏止的时代吸引力。它从19世纪40年代西欧工人运动中的一个小小学派，发展到席卷全球，成为当今信奉者最多、力量最强、影响最大的思想体系，根本原因在于：它把科学性和革命性内在地不可分割

地结合在这个理论本身中。马克思主义是科学的理论又是革命的理论。它的产生本来就是为了无产阶级革命需要。不主张革命的“马克思主义”根本不是马克思主义，而是打着马克思主义旗号的“跳蚤”。从马克思主义产生到现在，马克思所期待的革命任务并没有完结，是进行式而非完成式，因此，是否承认马克思主义的科学性和革命性的结合，是判断真假马克思主义的试金石。

革命的内涵非常丰富，方式多种多样。并非只有用暴力推翻旧政权才叫革命。中国共产党是执政党，也是革命党。中国共产党仍然要进行革命，包括社会革命和自我革命。改革开放是革命，清除在新的条件下滋生的腐败和种种不良现象是革命，从严治党是革命，甚至改造旧时代遗留的不文明现象移风易俗也是革命。有革命就有斗争，没有斗争的革命是空谈。当然，斗争不是残酷的无情打击，而是通过合适的斗争方式，解决矛盾，推动社会革命和自我革命在正确的轨道上运行。

马克思主义是人类历史上最具人民性的理论。马克思主义的创立者马克思和恩格斯毕生使命就是为人类解放而斗争。他们为了改变人民受剥削受压迫、探索人民解放道路而创造的马克思主义理论必然具有人民性，必然是为人类解放而斗争的理论。习近平总书记指出：“马克思主义是人民的理论，第一次创立了人民实现自身解放的思想体系。马克思主义博大精深，归根到底就是一句话，为人类求解放。”① 马克思主义理论工作者队伍中不应该有脱离人民、藐视人民的“精神贵族”，而必须把人民性作为自己理论研究的推动力量和宗旨。历史证明，无论中外，也无论是文学艺术还是社会理论，凡是反映人民疾苦，为人民鼓与呼的作品都具有永久的价值。屈原“长太息以掩涕兮，哀民生之多艰”、杜甫“安得广厦千万间，大庇天下寒士俱欢颜”和范仲淹“先天下之忧而忧，后天下之乐而乐”，至今仍然为人们所吟诵，就是因为它们的人民性。任何反对人民的作品，即使可以流行于一时，但终究会湮没在历史的尘埃中，不可能成为传世之作。

马克思主义的人民性和阶级性是统一的，因为人民中的最大多数就是普通的工人、农民和知识分子。马克思主义的阶级性由于它具有极广大的人民性，它和科学性具有内在的统一性，把人民性、阶级性、科学性对立起来是错误的。马克思主义越是符合人民利益越具有真理性。因为它突破历代剥削阶级和为剥削阶级服务的学说的狭隘眼界，能够毫无偏见地、科学地认识世界。

---

① 习近平:《在纪念马克思诞辰200周年大会上的讲话》，人民出版社2018年版，第8页。

马克思说过，“它所关心的是一切人的真理，而不是个别人的真理”①。即使无产阶级上升为社会的领导阶级，马克思主义也不会丧失它的人民性，转变为所谓的“官方意识形态”。因为中国共产党并不谋求也没有自己的特殊利益，而是将自己的执政作为向无阶级社会、向共产主义社会迈进的方式，因而马克思主义能永远保持它的人民性，而不会像掌握政权以后的资产阶级的社会理论那样，由反对封建主义逐步变为单纯的为自己阶级利益的合理性作论证的“辩护理论”。

有些资产阶级理论家，以马克思主义的人民性和阶级性为借口，而否认马克思主义的科学性。其实阶级性和科学性是不同的。阶级性是就它的社会功能说的，即代表哪个阶级的利益、为绝大多数人服务还是为少数人服务；而科学性是指它的认识价值，即它对现实反映的正确程度。在阶级社会中，不管自觉与否，一种社会理论都从属于特定的阶级。如果科学性和阶级性相互排斥，阶级社会中全部关于社会的理论都只能是谬误。即使是剥削阶级，当它处于革命时期，它的理论代表可以在一定范围和一定程度上进行比较客观的探讨，因为这符合他们的阶级利益；相反，当它上升为统治阶

① 《马克思恩格斯全集》第1卷，人民出版社1995年版，第215页。

级以后，它的阶级利益和对社会问题的科学探讨之间，存在不可调和的矛盾。英国古典政治经济学的历史证明了这一点。当英国和法国的资产阶级夺取了政权，无产阶级的斗争直接威胁到他们的利益时，才“敲响了科学的资产阶级经济学的丧钟”。[①] 其实，当代资产阶级理论最具阶级性，由于它的阶级性与人民性相违背，因而往往掩饰自己的阶级性，标榜所谓客观、公正、纯学术、价值中立。

马克思主义是最具实践性的学说。马克思主义的创立就是为改造旧世界的实践而产生的。马克思的名言：“哲学家们只是用不同的方式解释世界，问题在于改变世界”[②]。在《德意志意识形态》中对何谓改变世界作了明确的阐述：“对实践的唯物主义者即共产主义者来说，全部问题都在于使现存世界革命化，实际地反对并改变现存的事物”[③]。实践不仅是改变世界的行动，也是推动理论发展的动力。实践本性决定马克思主义必然是具有发展开放性的与时俱进的理论体系，从而保持它具有当代价值，不会因僵化而过时。

早在 1843 年，马克思在致卢格的一封信中，就公开声明反对树立任何教条主义的旗帜，嘲笑那种认为一切谜语的

① 《马克思恩格斯选集》第 2 卷，人民出版社 2012 年版，第 89 页。
② 《马克思恩格斯选集》第 1 卷，人民出版社 2012 年版，第 136 页。
③ 《马克思恩格斯选集》第 1 卷，人民出版社 2012 年版，第 155 页。

答案都在哲学家们的写字台里，愚昧的凡俗世界只需张开嘴来接受绝对科学的烤松鸡的看法。后来，恩格斯在《反杜林论》中，对企图创造最终真理体系的德国大学生们，尤其是对杜林，进行过猛烈的批判。

在恩格斯看来，如果人类在某个时候达到只需运用永恒真理，而不必再发现新的真理的地步，那就意味着历史和认识已经停止在一点上，这是非常荒谬的。

可以说，马克思主义科学体系具有发展开放性，如同张开着的口袋，随时通过概括新的经验使它得到发展和充实，因而它永远具有当代性。作为马克思主义创始人的马克思和恩格斯，对自己理论从来持开放态度，终其一生都在不断地总结新经验，以与时俱进的态度对待自己的理论。

历史上不少学派，随着缔造者的逝世而逐步走向没落。马克思主义不会这样。因为马克思主义不仅是一种学说，而且是一种运动。马克思主义的本质特性，它的科学性、人民性、实践性和发展开放性，使得即使马克思和恩格斯已经离世，但世界上千千万万马克思主义的追随者、信仰者、实践者以面对自己时代问题为导向，推进马克思主义，永远保持马克思主义的当代价值。在中国，毛泽东思想、邓小平理论、“三个代表”重要思想、科学发展观、习近平新时代中国特色社会主义思想，就是按照马克思主义的本质特性，与时俱进创造性地发展马克思主义的鲜活体现。

二、马克思主义的历史价值和现实价值

一种理论的当代价值决定于它的真理性含量，决定于它是否蕴涵与时俱进的理论张力，特别是决定于它的本质特性和内容是否符合时代的需要。在马克思诞辰 200 周年时，中国共产党举行了隆重的纪念大会，习近平总书记发表了重要讲话，热情洋溢全面深刻地总结了马克思的伟大贡献，不仅是表达中国共产党人对作为伟大历史人物马克思的敬意，而且重申马克思主义的当代价值："两个世纪过去了，人类社会发生了巨大而深刻的变化，但马克思的名字依然在世界各地受到人们的尊敬，马克思的学说依然闪烁着耀眼的真理光芒！"① 为什么？就是因为马克思主义是具有当代价值的科学的、人民的、实践的、不断发展的开放的理论。

马克思主义的当代价值不是一个抽象的命题，而是有事实为证。它的本质特性和当代价值就存在于当代中国现实之中，中国的巨大成就以无可辩驳的事实证明马克思主义的本质特性迸发的理论力量。马克思主义是中国共产党立党

① 习近平：《在纪念马克思诞辰 200 周年大会上的讲话》，人民出版社 2018 年版，第 1—2 页。

之本，中国民主革命胜利之基，中国社会主义建设成就之源，中国改革开放和现代化建设之罗盘。中国从站起来、富起来到强起来的进程中，贯穿一条理论红线，就是坚持马克思主义和马克思主义中国化。中国革命、建设、改革所取得的胜利，就是马克思主义在中国的胜利。今天，我们处在最需要马克思主义的时代，最需要具有创造性的当代中国马克思主义人才的时代，也是马克思主义者能够充分展现才华的时代。

可是我们有些人，包括有些马克思主义理论工作者，目光短浅，缺乏理论自信和理论自觉，往往丢掉真经沉醉于向西方取经。西方先进的东西，包括思想和文化，我们应该学习，但贵“洋”轻“马”，贵西轻中，逃离马克思和马克思主义，绝不是一个马克思主义者应有的态度。

马克思主义的当代价值不仅体现在中国，也体现在当代西方的思潮中。资本主义在经历了几百年发展的“黄金时代”，经历过苏联解体、东欧剧变的狂欢时代，在20世纪下半期，尤其是最近几十年，他们自豪的所谓民主制度已经破绽百出，在2008年国际金融危机之后，社会冲突和经济危机的阴影，像一把悬在资产阶级政客头上的达摩克利斯之剑。人们对资本主义社会自身矛盾的认识逐渐清晰，马克思主义的当代价值日益彰显。中国特色社会主义的兴起，更是展现了马克思主义的吸引力。2014年法国经济学家托马斯·皮凯蒂的著作《21世纪资本论》，对资本主义制度存在的合理性提出质疑；2019年西班牙《起义报》发表资本主义正走向失败的署名文章，指出民主制正走向瓦解，革命性变革在加速，社会主义优势在凸显；社会主义思潮在西方一些青年中得到某种共鸣。毛泽东同志当年说，“星星之火，可以燎原”。马克思主义在西方可不只是星星之火。马克思主义产生于西方，有很深的理论渊源和社会基础。总会有一天，马克思主义的当代价值会以人们不可预测的形式在西方展现。

三、掌握马克思主义基本原理，才能真正体会马克思主义的当代价值

马克思主义包含一系列基本原理，这些基本原理是客观规律的反映，是经过实践检验的具有真理性的理论，是支撑马克思主义作为科学体系的“四梁八柱”。

马克思主义基本原理具有普遍性，但普遍性程度各不相同。马克思主义哲学原理，揭示的是自然、社会和人类思维的普遍规律，它构成马克思主义中具有最大普遍性的规律；马克思主义的经济学说，作为广义经济学，揭示了人类社会

经济发展的普遍规律，作为狭义经济学，揭示了资本主义社会的经济规律；马克思主义的社会主义学说，则是关于无产阶级的解放条件和规律的学说。

马克思主义基本原理，分属马克思主义哲学、马克思主义政治经济学和科学社会主义理论，又从属于马克思主义学说整体，彼此从理论上相互支撑，相互渗透，不可分离，统统属于马克思主义基本原理。例如辩证唯物主义和历史唯物主义关于唯物主义和辩证法、关于实践的基本原理，历史唯物主义关于人类社会发展规律的原理，关于生产力和生产关系、经济基础和上层建筑矛盾运动规律的原理，关于社会形态更替规律和世界历史理论的原理，关于人民群众是历史创造者以及关于正确处理人与自然关系的原理，关于人的全面发展的原理等；科学社会主义中关于社会主义取代资本主义的必然性和无产阶级与人类解放条件的一系列原理，其中包括社会主义建设学说、政党建设学说、关于人民民主的学说；政治经济学关于资本主义经济发展规律的诸多原理，都是我们必须认真学习、认真研究、认真把握的基本原理。

掌握马克思主义基本原理，不仅要分别掌握其原理，而且要把马克思主义作为一个不可分割的整体，懂得它们之间如何在理论上在逻辑上相互支撑。马克思主义哲学作为世界观和方法论，为整体的马克思主义提供世界观和方法论基础；如果从马克思主义政治经济学和社会主义学说中，拒斥马克思主义哲学的世界观和方法论，拒斥唯物主义和辩证法，拒斥历史唯物主义，就会沦为非马克思主义的经济学说，而所谓社会主义学说也不可能是科学社会主义学说。

同样，无产阶级解放和人类解放是马克思主义社会主义学说追求的最终目标，也是贯穿马克思主义哲学和经济学说的主题和使命。如果马克思主义哲学不为无产阶级解放和人类解放服务，它就失去作为无产阶级解放大脑的功能，就不再是马克思主义哲学，而是思辨哲学、经院哲学。如果马克思主义的经济学说离开了这个主题，就往往会成为新自由主义经济学的附庸。事实上，劳动价值论与剩余价值论不仅是马克思主义的经济学说，它也完全深入历史唯物主义和科学社会主义学说之中。离开它，历史唯物主义和科学社会主义中许多重要原理就会由于没有经济学依据而失去它的科学性。列宁关于马克思主义是“一块整钢”的说法，是完全正确的。

马克思主义基本原理是对客观规律的理论概括。只要基本原理所揭示的普遍规律起作用的条件仍然存在，马克思主义基本原理就仍然有效。马克思主义基本原理虽然具有某种相对稳定性，但由于马克思主义永远面对自己的时代，而不是面对既有的结论，马克思主义基本理论同样要与时俱进，要根据新的问题，总结新经验，得出新结论，以新的原理代替个别过时的旧原理。

发展基本原理，不能是对基本原理的任意否定，甚至对基本原理采取虚无主义态度。随着实践发展和时代需求，从对新的实践概括中，从马克思主义经典文本的深入研究中，可以发现和增添新的基本原理，也有些过去被认定为基本原理的东西在实践证明中并不具有普遍性。

因此，基本原理同样是发展的、变化的。在中国特色社会主义建设中，关于构建社会主义市场经济、关于社会主义基本制度的构成、关于政府和市场的关系，特别是习近平新时代中国特色社会主义思想中，都包含着对马克思主义基本原理的新发展。

四、读马克思主义经典、悟马克思主义原理

马克思主义理论工作者必须既研究马克思主义经典，又研究马克思主义基本原理。经典如同富矿，原理则是蕴藏其中的宝石；经典是参天大树，原理则是树上的智慧之果。要真正准确掌握马克思主义基本原理，必须认真学习马克思主义经典著作；读马克思主义经典著作并非为读而读，重要的

是着重掌握其中的基本原理。

在马克思主义经典文本中可以明显发现，凡属马克思主义的基本原理，都是在他们著作中不断重复出现的包含规律性内容的论述。只要认真学习马克思和恩格斯的经典文本，就可以在他们的著作中处处发现其中包含的辩证法、历史唯物主义、劳动价值论、剩余价值论以及“两个必然”等理论，无一不是立足于对客观规律的把握。资产阶级及其理论家们本能地反对社会规律的客观性，必然反对马克思主义基本原理。承认社会发展有规律，等于承认自己的阶级和制度的暂时性、过渡性，和必然让位于更加进步的社会。

中国共产党把马克思主义当成“真经”，正因马克思主义的本质特性是客观规律的反映。中国共产党人强调规律，强调我们应该掌握共产党执政规律、社会主义建设规律、人类社会发展规律。没有规律性的认识，就不可能创立中国特色社会主义理论。我们的道路自信、理论自信、制度自信、文化自信，都是建立在规律性认识的基础上的。

一个真正的马克思主义者，决不会把马克思和恩格斯文本中的每句话奉为金科玉律，也不会期望马克思主义经典作家为他们逝世后的一切新问题留下锦囊妙计。马克思主义的当代价值，从根本上说在于它为我们提供了作为科学认识与实践活动的世界观和思维方法。有人说，既然如此，我们何必学习经典著作、学习马克思主义基本原理，直接掌握马克思主义的立场、观点、方法岂不是更省事。这是对马克思主义作为世界观和思维方法的误解。马克思主义的立场、观点、方法存在于何处？就存在于经典著作中、存在于马克思主义基本原理中。不坚持马克思主义的人民性和阶级性，能站稳人民立场吗?！不坚持唯物主义，能真正实事求是吗?！不坚持辩证法，能进行辩证思维吗?！不坚持历史唯物主义基本原理，能以人类历史发展规律的观点观察当代、观察世界吗?！不能，不可能。一句话，马克思主义的科学性、人民性、实践性和发展开放性，正是作为本质特性存在于马克思主义经典著作和基本原理之中。一个人根本不研读马克思主义经典，不掌握马克思主义基本原理，只能落得空谈所谓立场、观点和方法。

我们要反对从经典中寻章摘句，直接寻找现实问题的答案，或把马克思主义经典中的某句话或某条基本原理作为衡量现实运动正确与否的不变尺度。原理具有普遍性，而我们实际面对的都是具有特殊性的对象，因此，在运用马克思主义时，必须依据时间、地点、条件，具体问题具体分析，才能得出正确的结论，这可不是把马克思主义基本原理当成标签贴上就能了事的，必须牢记马克思主义的本质特性，把马克思主义基本原理内化为立场、观点、方法，才能得心应手，真正把马克思主义变为世界观和方法论。

五、结语

讨论马克思主义的当代价值，正是为了通过理解马克思主义的科学性、人民性、实践性和发展开放性，理解马克思主义何以具有当代性，何以必须牢固地、旗帜鲜明地坚持以马克思主义为指导、念好马克思主义“真经”，保证中国共产党“不忘初心、牢记使命”，永不变色。一个政党过去先进，不表明现在先进，现在先进不表明永远先进。我们要有忧患意识。资本主义尤其是霸权主义的压力，从来没有放松过，只是方式不同；社会主义市场经济的改革，也是一个大考。一些共产党员包括党的高级领导干部就过不了市场经济这个关。中国特色社会主义道路之争、理论之争、制度之争、文化自信之争会是长期的，其中，最核心的问题，就是贯穿“四个自信”之中并处于统帅地位的马克思主义的本质特性和它的基本原理是否具有当代价值之争。

“一爪落网，全身被缚”。中国共产党要永不变质，不蜕化为特权集团，社会主义永远不变色地朝着既定目标前进，不中途夭折，需要培养一代又一代坚定的中国共产党人，需要中国共产党队伍始终保持先进性和纯洁性。其中关键的必修课，就是在坚持马克思主义本质特性及其当代价值问题上寸步不让，决不动摇。不是保持十年、二十年，也不是三十年、五十年，而是代代相继，以期真正实现中华民族伟大复兴的中国梦。这是一个伟大而艰巨的任务。习近平总书记提出的“不忘初心、牢记使命”，应该是我们每个党员、每个干部严于律己、勇于担当和自我革命的座右铭。

第二讲

马克思主义和中国传统文化

◇ 应该站在社会形态更替的高度来审视马克思主义和中国传统文化的关系

◇ 只有以马克思主义为指导才能变革中国社会

◇ 只有继承中华优秀传统文化，马克思主义才能在中国取得胜利

◇ 正确评价儒家在中华民族文化中的地位

◇ 中国传统文化的创造性转化和创新性发展

◇ 可不可以“尊孔读经”

目前在中国大地上，传统文化研究和宣传热潮高涨，儒学重新成为显学。当年孔子风尘仆仆周游列国，实际上齐鲁郑卫陈蔡诸国不过是山东河南几个县，而今随着孔子学院正在周游世界。国外汉学家渐多，中国传统文化声望日隆。这本是大好事，是中华民族复兴在文化上的一种表现。

有些理论工作者感到迷茫，意识形态领域中坚持以马克思主义为指导的方针是否发生了变化？有些极端的儒学保守主义者误判形势，拔高之论迭出。乱花迷眼，议论各异，意识形态领域陷于两难：似乎强调坚持马克思主义思想指导，就是贬低以儒学为主导的中国传统文化，反之，则应把马克思主义请下指导地位的“神坛”，重走历史上尊孔读经以儒治国的老路。这种非此即彼、冰炭不可同炉的看法，理论上是错误的，实践上是有害的。

一、应该站在社会形态更替的高度来审视马克思主义和中国传统文化的关系

如何理解马克思主义和以儒学为主导的中国传统文化之间的关系，我想起“周虽旧邦，其命维新”。冯友兰是中国现代史上杰出的思想家、哲学家和哲学史家，也有的学者尊他为现代新儒家。他在历经多年编写的《中国哲学史新编》中的序言中说，“诗经上有句诗说，‘周虽旧邦，其命维新’。旧邦新命，是现代中国的特点。我要把这个特点发扬起来。我所希望的，就是用马克思主义的立场、观点和方法重写一部《中国哲学史》。”① 冯先生由于专业写作的需要把它仅限于以马克思主义观点重写中国哲学史，我从冯先生的话中得到启发，以“旧邦新命”作为廓清迷雾、解开马克思主义与中国传统文化关系争论的一把钥匙。

社会主义中国，是具有五千年历史的古老中国的当代存在。中国是旧邦，是一个古老的国家，可当代中国是不同于传统中国的社会主义形态下的新的中国。中国共产党负有新的历史使命，这就是中华民族的伟大复兴。它包括创立社会主义新中国的民族复兴，也包括中华民族的文化复兴。这是

① 冯友兰:《中国哲学史新编》(上卷)，人民出版社 1998 年版，“自序”第 1 页。

一条既要坚持马克思主义思想理论指导，又要正确处理马克思主义与中国传统文化关系的道路。这条路历经多年的摸索，在艰难曲折中跋涉前行。有经验，也有教训。只有站在社会形态变革的高度进行审视，才能牢固确立中国共产党和社会主义社会以什么为指导思想，以及如何处理马克思主义与中国传统文化关系这个重大问题。这个问题仅仅局限在文化范围内是说不清楚的。

中国社会主义制度的建立是社会形态的根本变化，这是中国历史上几千年未有的大变化。自秦始皇统一中国之后的两千多年，中国历史的变化本质上是同一社会形态内部的变化。王朝易姓，改朝换代，都没有改变中国社会形态的本质。经济结构、政治结构、文化结构当然有变化，但都具有同一社会形态的历史继承性和延续性。中国封建社会是在一治一乱、王朝易姓中走向发展和成熟的。在中华民族的开化史上，有素称发达的农业和手工业，有许多伟大的思想家、科学家、发明家、政治家、军事家、文学艺术家，有丰富的文化典籍。历史上出现过儒释道的相互吸收，也出现过新儒家，但儒学道统未变。在两千多年中，孔子是王者师，是素王，这个至高无上的圣人地位没有因为王朝易姓而发生根本变化。新王朝依然是尊孔读经，依然是看重儒家学说作为维护社会正常秩序和统治合理性的首要思想功能。

任何有点历史知识的人都知道，相信“水可载舟，亦可覆舟”的皇帝多，因为这是历史的经验；真正信奉“民贵君轻”，实行王道、仁政者极为罕见。这不是皇帝个人的罪恶。历史上皇帝并非都是坏皇帝，有不少对中国历史作出过贡献。这也不是儒家思想存心欺骗或愚民，封建社会的政治现实不能否定儒家学说精华中的思想价值。这是封建社会的经济关系和阶级关系使然。理想永远高于现实，现实从未完全符合理想，这是历史上一切伟大思想家的共同宿命，孔子也是如此。

二、只有以马克思主义为指导才能变革中国社会

清末，中国社会处于崩溃前夕。近代历史上出现过不少以身许国流血牺牲的仁人志士，可是中华民族的命运并没有改变。面临西方资本主义列强入侵，处于风雨飘摇没落时期的中华民族，无论藏书楼中有多少传世的经典宝鉴，传统文化中有多少令世人受用无穷的智慧，儒学中的正心诚意、修齐治平的道德修养和治国理政观念如何熠熠生辉，都不可能避免中华民族被瓜分豆剖的命运。历经失败，最终实现中华民族复兴这个伟大任务，落在中国共产党的肩上。中国这个旧邦要想复兴，改变中华民族的命运，救人民于水深火热之

中，不可能再沿着历代改朝换代的道路走，沿着历史上尊孔读经的道路走。

中国共产党成立的首要任务是革命，是推翻压在中国人民头上的三座大山，打倒帝国主义、封建主义和官僚买办，解放全中国，建立一个和历代王朝不同的社会主义新中国。这已经不再是历代封建王朝的延续和更替，而是社会形态的变化。要实现这个任务，从思想理论指导角度说，只有马克思主义才能发挥这个作用，因为马克思主义就是关于社会形态革命的学说。它的辩证唯物主义和历史唯物主义哲学、劳动价值论和剩余价值学说，以阶级斗争和无产阶级专政为核心的科学社会主义学说，是一个严整的、科学的思想理论体系。只有它才能为中国共产党如何解决中国问题，照亮处于危亡之际的中国，为沦为半封建半殖民地的中国找到一条中华民族复兴之路。中国民主革命的胜利，就是马克思主义中国化的胜利，就是马克思主义与中国实际相结合的胜利。这条道路是通过阶级斗争和武装斗争，通过血与火的斗争，生与死的决战，以千百万人的流血牺牲取得的。这是一条推倒既有社会秩序、等级、法统、道统的“犯上作乱”、革命造反之路，是与儒家和新儒家倡导的修齐治平、内圣外王、返本开新迥异的道路。

在革命胜利之后，中国共产党用了 70 多年寻找中国社会主义建设和改革之路。同样只有运用马克思主义的基本理论和方法，结合中国的实际才逐步弄清社会主义初级阶段中的生产力与生产关系、经济基础与上层建筑的关系，解决什么是社会主义、如何建设社会主义，找到建设中国特色社会主义之路。中国特色社会主义理论、道路、制度的建设，就其指导思想理论来说都是马克思主义，是马克思主义和中国实际的结合。

在讨论马克思主义和以儒学为主导的中国传统文化关系时，决不能忘记社会形态变革这个重大的历史和现实，不能忘记“旧邦新命”。马克思主义是无产阶级的阶级主义，是为无产阶级和人类解放而斗争的主义；马克思主义立足点是阶级、阶级关系和阶级斗争，而儒学是处理以宗法制度为基础，以血缘为纽带，以家庭为细胞的人与人的关系。儒学学说中没有阶级，只有君子与小人之别。这是以道德为标准的区别，而不是阶级区别。封建社会也有穷人和富人，这种区别在儒家看来只是贫和富的区别，而非阶级区别。儒家处理等级关系的方法，是正名；处理贫富关系的方法，是“贫而无怨，富而无骄”。马克思主义处理的是阶级关系，儒学处理的是同一社会内部的君臣、父子、夫妇、兄弟、朋友关系，即所谓五伦关系，而非阶级对抗关系。因此马克思主义强调阶级斗争和夺取政权；而儒家强调“仁”与“和”稳定既成的社会关系。如果不懂得这个根本出发点，就无法理解登上中国政治舞台的中国共产党，为什么不能继续沿着儒家铺就的道路作为中华民族复兴之路，而要举起马克思主义旗帜。

“领导我们事业的核心力量是中国共产党。指导我们思想的理论基础是马克思列宁主义”①，我们应该重新温习毛泽东当年这两句话。它包含为什么要以马克思主义为指导，以及如何处理马克思主义与中国传统文化关系的回答。

三、只有继承中华优秀传统文化，马克思主义才能在中国取得胜利

中国要革命，要变革，要走出民族存亡绝境，就必须以马克思主义为思想理论指导。但马克思主义不能取代中国传统文化。中国共产党人即使在激烈的革命时期，无论是在中央苏区，还是后来在延安，都关注文化建设，也关注中国传统文化的教育。毛泽东在《中国革命和中国共产党》《新民主主义论》《改造我们的学习》等著作中都论及如何对待中国传统文化的问题。尤其是《中国共产党在民族战争中的任

① 《毛泽东年谱（一九四九—一九七六）》第二卷，中央文献出版社 2013 年版，第 283 页。

务》一文中在讲到学习时，毛泽东强调："学习我们的历史遗产，用马克思主义的方法给以批判的总结，是我们学习的另一任务。我们这个民族有数千年的历史，有它的特点，有它的许多珍贵品。对于这些，我们还是小学生。今天的中国是历史的中国的一个发展；我们是马克思主义的历史主义者，我们不应当割断历史。从孔夫子到孙中山，我们应当给以总结，承继这一份珍贵的遗产。这对于指导当前的伟大的运动，是有重要的帮助的。"①说句实在话，从孔夫子到孙中山应当给以总结，继承这一份珍贵遗产，这个任务仍然任重而道远。

马克思主义的强大力量就在于它与中国实际的结合，其中包括与中国历史和传统文化的结合。中国共产党是中国的共产党，而不是别的什么国家的共产党；是在中国建设社会主义，而不是在别的什么国家建设社会主义。无论是共产党，还是社会主义社会都是植根在这块具有深厚历史传统和文化传统的14亿人口的中国，当然应该重视中国的历史和文化遗产，重视中国传统文化尤其是长期处于主导地位的儒家学说对中国社会结构、对中国人的民族性格、对中国人的思想和价值观念的深刻影响。马克思主义要在思想和情感上

① 《毛泽东选集》第2卷，人民出版社1991年版，第533—534页。

为中国先进知识分子和以农民为主的中国人民所接受，必须植根于中国的历史和文化。中国革命需要马克思主义，中国文化和历史传统能接纳马克思主义。

依靠武力可以夺取政权，但仅仅依靠武力不能建设新社会。按照毛泽东当年的话，革命胜利只是万里长征第一步。新中国成立以后，需要解决的问题更多。这些问题包括社会生活各个领域，尤其是在精神方面，在软实力的建设方面，仅仅依靠马克思主义作思想理论指导，而不充分发掘、吸取与运用中华民族丰富的文化资源来进行社会治理、人文素质的培养、道德教化，是不可能完成的。如果说，在以军事斗争为中心的武装夺取政权时期，处理马克思主义与中国传统文化的关系问题还没有那么急迫，那么革命胜利之后，随着社会主义建设的发展，特别是改革开放后社会转型期的道德、信念、理想、价值中呈现出的某种程度的紊乱，就成为一个亟待正确处理的问题。

“攻守易势”和“马上得天下，不能马上治之”，是中国历史的两条重要经验。在革命时期，中国共产党处于攻势，主要是推翻旧中国和改变旧秩序，夺取政权，一句话是攻；革命胜利之后，中国共产党掌握全国政权，不能只破还必须立。现在不是我们向原来当政者进攻的时代，我们自己就是当政者，就处在时刻“被攻”的地位。国家治理如何，社会状况和社会秩序如何，人民生活提高如何，生态环境如何，全国人民的眼睛都望着中国共产党，一切都要由我们当政者自己负责。从这个角度说，革命的胜利，取得全国政权的开始，同时就是攻守易势的开始。

“马上得天下，不能马上治之”。通过革命斗争打出的天下，不可能在治国理政、调整内部矛盾时照样沿用革命的方法，照用武装斗争的方法。正心诚意修齐治平，不是中国革命胜利之路，却是取得政权后当权者的修养和为政之道。以儒家学说为主导的传统文化包含有丰富的治国理政、立德化民的智慧。必须研究中国历史上治国理政的经验和中国传统文化，尤其是儒家学说中注重社会和谐和民本的治国理政的智慧，研究如何立德兴国、教民化民。如果说前三十年有什么教训的话，我认为我们缺少这个方面。从反右斗争到“文化大革命”发动全国进行群众性的斗争，仍然可以看到“马上得天下，马上治之”的方式。党内党外仍然处在紧绷的斗争之中，剑拔弩张，伤害了一些人。正是从这个教训中，我们理解了依法治国的重要性，理解了中国传统文化中优秀治国理政智慧的重要性，大力倡导树立和践行社会主义核心价值观，构建社会主义和谐社会，实现“马上”夺权到“马下”治国的精彩转身，对于一个民族来说，最有效的学习就是从自己的错误中学习。中国特色社会主义建设就是在不断总结经验中发展和前进的。

四、正确评价儒家在中华民族文化中的地位

中国传统文化博大精深。它流动于中华民族的生活方式之中、传统的风俗民情之中，凝集于包括儒墨道法诸子百家经史子集的经典之中。儒家不是中国传统文化的全部，但处于主导地位。中华民族文化复兴具有极其丰富的内容，包括多方面的任务，不能简单理解为仅仅是复兴儒学。

儒家哲学主要是人生伦理哲学。梁启超把儒家哲学归结为八个字：修己安人，内圣外王。修己安人是儒家哲学的功用。它的作用就是修己，即个人的道德修养或说是修身。修己达到极处就是内圣，安人达到极处就是外王，即治国平天下。正因为儒家哲学是人生伦理学，因此，儒学中的命题都离不开人生问题。从孟荀讨论的性善恶问题、告子与孟子讨论的仁义之内外问题、宋儒讨论的理欲问题、明儒讨论的知行问题，都离不开做人的问题。修齐治平，都是道德修养的结果，都是内圣外王的表现。

陈寅恪关于冯友兰《中国哲学史》的审查报告说："故二千年来华夏民族所受儒家学说之影响，最深最巨者，实在制度法律公私生活之方面，而关于学说思想之方面，或转有

不如佛道二教者。如六朝士大夫号称旷达，而夷考其实，往往笃孝义之行，严家讳之禁。此皆儒家之教训，固无预于佛老之玄风也。”儒家学说由于它在中国封建社会的政治作用，无疑长期处于中国传统文化的主导地位。以儒家学说为主导的中国传统文化的重要性，是毋庸置疑的。它是中华民族的血脉和文化之根。我们不可能也不应该割断中华民族的文化脐带，否定中国传统文化。

中国传统文化中的哲学智慧深如汪洋、高如崇山，尤其是其中的辩证智慧和丰富的生态观念。儒家学说虽然不能等同于中国传统文化，但与中国传统文化的基本精神是一致的，具有辩证性。任何片面性都会导致曲解。儒家既讲和，和为贵，又讲礼，“知和而和，不以礼节之，亦不可行也。”礼就是原则，因此“和”是有原则的，而不是无条件的和。既讲“以德报德”，又讲不能“以德报怨”；既讲“仁者爱人”，又讲“惟仁者，能好人能恶人”。有爱有憎，不是只爱无憎。既提倡“穷则独善其身”，孔颜乐处，也倡导“达则兼济天下”。既倡导服从，不能犯上，也倡导“匹夫不可夺志”的独立人格，倡导“富贵不能淫，贫贱不能移，威武不能屈”的大丈夫精神。既讲富民，也讲教民。既讲尊君，也讲民本：居庙堂之高，则忧其民；处江湖之远，则忧其君。既讲向善，也讲向上。既讲民富，也讲国强。既讲厚德载物，也讲自强不息。既讲向善，也讲求真。儒家提倡“杀身成仁”“舍生取义”，仁和义是付出生命代价的原则，而不是把自己变为盲目的杀人机器。这是与所谓“武士道”精神完全不同的中华民族精神。

中华民族传统文化是中华民族的精神家园。推翻具有半封建半殖民地社会性质的旧中国，建立社会主义形态的新中国，必须坚持马克思主义思想理论指导，必须有一个科学的世界观和方法论。可要使马克思主义在中国有生长的思想文化土壤，要保持中国人的中华民族特性，要使中国人有颗中国心，必须继承中华优秀传统文化和优秀道德。如果不以中华优秀传统文化和优秀道德来涵养中国人，没有对中国传统文化和优秀道德传统的继承，就培养不出有高度文化素质和道德素质的有教养的中国人。即使取得政权，也不可能建设一个具有高度发达文明和文化的新中国。

中国是多民族国家，我们重视民族文化的多样性，但更要重视中华民族文化一元性的认同。这是维护民族团结、国家统一的思想文化黏合剂。习近平总书记说：“一个国家，一个民族的强盛，总是以文化兴盛为支撑的，中华民族伟大复兴需要以中华文化发展繁荣为条件。”① 历史证明了这个真

① 《习近平关于社会主义文化建设论述摘编》，中央文献出版社 2017 年版，第 3—4 页。

理，凡以军事力量建立的大帝国，如罗马帝国、蒙古帝国、奥斯曼帝国、波斯帝国，都不可能单纯依靠军事力量来维系。一旦解体，就会分裂为许多各自拥有自己民族文化的国家。一个国家没有占主导地位的统一的文化、没有能相互交流的统一的语言，就没有向心力和凝聚力。苏联解体后的情况，就是如此。原来互为一家，现在有些以邻为壑。

五、中国传统文化的创造性转化和创新性发展

民族是文化的主体，文化是民族的血脉。清末中华民族传统文化的危机，与中华民族的困境相伴而行。而中华民族的复兴，则是中华民族文化复兴的前提。一个民族文化的命运与民族自身的命运不可分。毛泽东曾经说过："伟大的胜利的中国人民解放战争和人民大革命，已经复兴了并正在复兴着伟大的中国人民的文化。"① 没有中华民族的复兴，就不会有中华民族的文化复兴。

只要看看世界文化史，看看当今战火纷飞民不聊生的伊拉克、叙利亚、利比亚，看看内乱不已的埃及，想想巴比伦文明、两河流域文明、埃及尼罗河文明昔日的辉煌，就可以

① 《毛泽东选集》第 4 卷，人民出版社 1991 年版，第 1516 页。

明白这个道理。一个民族自身的盛衰兴亡决定这个民族的文化命运。任何国家处于分裂，民族处于危亡之际，文化不可能独自辉煌。正是因为中华民族的崛起，孔子才能周游世界，以中国传统文化为内核的国学才能兴起，儒学才能重放异彩。

只有从民族复兴是文化复兴前提的角度看，我们才能理解“五四”时期先进知识分子，面对千年从未有之变故，为求民族之生存，把中国传统文化称为旧文化，而把自己追求的科学和民主称为新文化的合理性和必然性。传统文化的载体最主要的是儒家经典。反对“尊孔读经”是“五四”时期先进知识分子的普遍思潮。其实，他们都是具有最丰厚旧学修养、熟稔中国古籍的人。发端于 1915 年逐步酝酿而爆发的五四新文化运动之所以称新文化运动，如果脱离当时历史条件而只就文化自身来划分新旧界线，必然导致文化虚无主义。新文化运动的新，并非针对整个中国传统文化，而是在民族处于存亡之际，把矛头指向服务于封建制度的旧道德、旧的思想传统。五四新文化运动是一次倡导科学和民主的启蒙运动，在文化运动背后包含着追求民族复兴的期待。当然，五四运动留下一个负面影响，这就是把传统文化笼统称之为旧文化，而把民主和科学称为新文化，这种新旧文化二元对立的观念，堵塞了由传统文化向当代先进文化转化的可能性和途径。

中华民族文化如黄河长江，不可能抽刀断流简单区分为新与旧，而是民族精神中的源与流。中国传统文化是中国社会主义文化之源，是文化母体。没有源，河流必然干涸，必然断流。中国文化的特点是源远流长，具有持久性、不间断性和累积性。魏徵《谏太宗十思疏》曾讲到源与流的关系，说“欲流之远者，必浚其泉源”。“源不深而望流之远”“塞源而欲流长”根本不可能。当代中国文化同样存在“浚源”与“塞源”的问题，要“浚源”而不能“塞源”。这当然不是说，我们可以原封不动地保持中国传统文化。源是文化母体，流是文化的延续。文化是流动的水，它不会停止。可是它往哪个方向流，是与政治道路选择密不可分的。

中国传统文化在近代的流向有不同的主张：往回流、往东流、往西流、往前流。往回流，是辛亥革命后的复辟派，以及当代中国个别新儒家中主张“儒化社会主义”“儒化共产党”的思潮。这是往回流的复古思潮。往东流是甲午中日战争后，中国败于自己的学生日本而引发的留学东洋的热潮，但很快就为西流所取代。往西流是主张“全盘西化”。这种思潮，是反对“中国文化优越”论的保守旧思想，其中包含向西方学习的某些合理主张，可“全盘西化”的政治道路是走不通的。在当代社会主义中国，“全盘西化”则是与中国特色社会主义道路逆向而行的思潮，其中不乏“西化”和“分化”的诱饵，是为在中国推行“颜色革命”从思想上铺路。可以说，往回流、往东流、往西流，都是中国传统文化的断流。只有继承和发扬中华优秀传统文化，吸取西方先进的优秀文化，建立社会主义先进文化，才能使中华民族文化滚滚前流。保持中国传统文化滚滚前流的机制，就是习近平总书记提出的以马克思主义为指导的创造性转化和创新性发展。

六、可不可以“尊孔读经”

中国传统文化创造性转化中，有一个重要问题就是文化复兴与文化复古的界线问题。其中最尖锐最具争论性的问题，就是要不要尊孔读经，可不可以尊孔读经。按照历史唯物主义观点，没有抽象的真理，真理是具体的。为维护封建制度或复辟封建帝制的“尊孔读经”，无论是清末的中体西用还是袁世凯们提倡的“尊孔读经”，都是我们必须反对的。某些文化保守主义者提倡的以对抗马克思主义为目的、以抵制西方文明优秀成果为旨归的“尊孔读经”，也是我们不能赞同的。

在社会主义条件下，“尊孔读经”是另一种性质的问题。

此一时，彼一时。经，要不要读？这是毫无疑问的。“经”是中国传统文化的文本载体，要深入研究和理解传统文化，读经是必经之路。“孔”，要不要尊？孔子是中国伟大的思想家、教育家，是中国传统文化的整理者、继承者和创造者，理应受到尊敬。关键不在于是否“尊孔读经”，而在于为什么读，如何读；为什么尊，如何尊。创造性转化，是文化复兴和文化复古的界线。文化复兴立足点是今，是古为今用；文化复古的立足点是古，是今不如古。

只有创造性转化，才是正确处理马克思主义与中国传统文化关系的枢纽。而创造性转化的理论和方法论原则，就是坚持马克思主义的基本理论和方法论指导。我们不可能依然按照封建统治者的态度对待孔子和儒家学说。中国的变革，不是沿着原有的改朝换代方式向前发展，而是社会形态的变化。这种变化，不可能不改变孔子和儒学在封建社会原来的地位和功能。中国共产党人从中国历代帝王对孔子加封的那些“阔得吓人的头衔”中，既看到孔子在中华民族的地位，同时也看到历代统治者尊孔的政治意图。中国共产党人同样尊重孔子，但不是把它作为维护既定社会秩序的思想工具。中国共产党人是革命者、是改革者，是一切既得利益和等级制度的反对者。我们要真正恢复孔子作为中国伟大文化整理者、创造者、伟大思想家、伟大教育家的地位，还原一个在中华民族文化创建中具有至高无上地位的真实的孔子。对于儒家学说，我们也不是像历代封建王朝那样看重论证等级制度合理性、维护既定社会秩序的政治职能，而是吸取其中治国理政、道德教化的哲学智慧和人生伦理智慧，清洗它在中国传统文化中处于主导作用的浓重的政治性因素，重视它对中华民族特性塑造的文化功能，并与中国传统文化中博大精深的多种智慧相结合。

我们提倡中华民族的文化复兴，祭拜孔子，阅读经典，不是简单呼唤回归儒学，回归传统，更不是独尊儒术。祭孔，是国家大典，表示我们国家对中华民族伟大先圣孔子的尊敬，并非要在所有地方、所有学校普遍开展全民的祭孔运动；读经，深入研究经典是国学家的专业，也并不需要学校普遍开展全民读经活动。在中国传统文化的教育中，我们当然要注重经典的学习。但终究不是所有学生都是国学家或准备当国学家。在当代世界，我们应该引导学生的目光关注世界，关注世界形势和科学技术的新发展；关注现实，关注中国特色社会主义的建设。我们不能把学生的全部注意力和兴趣引向“古书”。专业研究是一回事，传统文化教育是另一回事。

传统文化教育更不能取代马克思主义教育。马克思主义教育完全能够与中国传统文化教育相结合，并行不悖，相得益彰。如果社会主义国家的青年学生不学习马克思主义，对什么是辩证唯物主义、什么是历史唯物主义、什么是资本主义、什么是社会主义，对马克思主义最基本的原理，如生产力和生产关系、经济基础和上层建筑等一点常识都没有，那请问，他们拿什么去观察当代世界，观察当代社会，观察我们的国家呢？而且可以断言，不懂马克思主义基本理论和方法，对中国传统文化的精髓也很难把握。

在中国传统文化教育中，应该区分学生文化程度和接受水平，有选择性地阅读“经典”，包括某些骈散名篇，诗词佳作。这有利于文化素质和道德水平的培养。但对没有分辨能力的青少年，要加强引导。我不赞同不加区分地宣扬用《女儿经》去造就现代的淑女和闺秀，用《二十四孝》中的“埋儿得金”“卧冰求鲤”作为孝道的榜样，用《弟子规》把我们的孩子培养成“中规中矩”“低眉下目”没有创造性的小大人，更反对不问是非只讲温良恭俭让的绵羊性格。

中国传统文化是阴阳合一、刚柔相济的文化。当代世界并不平静，波涛汹涌，要有忧患意识。我们要重视培养我们青少年的爱国主义传统，刚健有为，有血性、有刚性、有韧性。这是中华民族复兴伟大事业代代相续不会中断的保证。“加强爱国主义、集体主义、社会主义教育，引导我国人民树立和坚持正确的历史观、民族观、国家观、文化观，增强做中国人的骨气和底气。”① 习近平总书记这段话，应该是我们重视中国传统文化教育的根本目的。

七、结语

不要抽象地争论马克思主义指导和中国传统文化的关系，尤其是非历史主义地争论马克思主义与儒学的高下优劣抑扬褒贬。一个是中国革命和社会主义建设的思想理论指导，一个是中华民族的精神血脉和中华民族的文化之根。应该用历史唯物主义观点处理马克思主义与中国传统文化的关系，反对蔑视以儒学为主导的中国传统文化的文化虚无主义，中国的马克思主义可以从中国传统文化的精髓中得到思想资源、智慧和启发，但也要防止以高扬传统文化为旗帜，反对马克思主义、拒斥西方先进文化的保守主义思潮的沉渣泛起。

① 《习近平谈治国理政》，外文出版社 2014 年版，第 162 页。

第三讲

正确处理马克思主义和中国传统文化的关系

◇ 马克思主义不能取代民族文化

◇ 文化多样性是民族多样性的必然产物

◇ 重视文化发展规律的研究

◇ 立足当代，背靠传统，面向世界

当代中国文化研究面临的一个重大问题是如何处理马克思主义与中国传统文化的关系问题。在一些人看来，强调马克思主义在意识形态中的指导地位与强调中华民族文化复兴是矛盾的，如冰炭同炉，不可两存。从历史唯物主义观点来看，它们并不对立而是相得益彰。中华民族文化复兴由于马克思主义的指导而导向正确，马克思主义由于中华民族传统文化的滋养而更具中国特色。

一、马克思主义不能取代民族文化

在当代中国文化建设中，马克思主义的指导地位表现为世界观和方法论的指导。马克思主义来自西方，可中国化的马克思主义不同，它就是中国文化，是当代中国文化最重要的部分。毛泽东思想、邓小平理论、“三个代表”重要思想、科学发展观、习近平新时代中国特色社会主义思想都不是舶来品，而是中国人把马克思主义普遍真理与中国实际相结合的创造。它既以马克思主义为指导，具有马克思主义关于一般规律学说的科学特性，又具有同中国国情相结合，扎根于中国文化土壤的民族特色。中国革命者接受马克思主义，并不是用它来取代中国文化，而是把它作为科学的宇宙观和社会革命理论，作为观察国家命运的工具。通俗地说，就是把它作为一种解决中国问题的立场、观点、方法。

中华民族文化复兴的口号是繁荣和推进社会主义先进文化的口号，而不是文化复古的口号。社会主义先进文化的本质特征在于其指导思想是马克思主义的。之所以要强调马克思主义的指导地位，一方面决定于马克思主义自身的科学性、阶级性、实践性，另一方面决定于我们制度的社会主义性质和中国共产党人的历史使命。

按照历史唯物主义关于经济基础与上层建筑的原理，建立在社会主义经济基础之上、反映社会主义经济制度和政治制度的观念形态的文化，当然应该是社会主义的。社会结构是有机的，它不可能是经济、政治、文化相互对立、相互排斥的任意选择性的结构。在社会主义经济基础之上建立一个以非马克思主义甚至反马克思主义思想为指导的文化形态作为上层建筑，是不可能的，也是不可思议的。适应社会主义经济基础的文化结构的社会主义性质，集中地表现为马克思主义在意识形态中一元化的指导地位。但是，当代中国文化建设并不会因为以马克思主义为指导而失去其民族特性。离开中华民族的文化传统，社会主义先进文化建设就会成为一句空话。毛泽东曾说过，我们信奉马克思主义是正确的思想方法，这并不意味着我们忽视中国文化遗产。中国历史留给我们的东西中有很多好东西，这是千真万确的。我们必须把这些遗产变为自己的东西。① 社会主义先进文化建设，就是以马克思主义为指导，从中国传统文化中（当然也包括西方优秀文化）取其精华，去其糟粕，变为与社会主义相适应的当代中国文化。

在运用历史唯物主义基本原理时，我们一定要注意不能脱离具体社会把马克思主义关于经济基础与上层建筑的理论模型化、同一化、公式化。社会经济形态中经济基础与上层建筑的关系具有规律性和共同性，但属于同一种社会形态的具体社会又是各有特点的。社会经济形态与具体社会不能简单等同。社会经济形态是同一种社会发展的阶段性的共性，而现实社会则是具体的、多样的。同样属于资本主义社会形态，美国、欧洲以及亚洲各国的资本主义社会各有特点。马克思指出："相同的经济基础——按主要条件来说相同——可以由于无数不同的经验的事实，自然条件，种族关系，各

① 《毛泽东文集》第 3 卷，人民出版社 1996 年版，第 191 页。

种从外部发生作用的历史影响等等，而在现象上显示出无穷无尽的变异和程度差别。”[①] 马克思从来没有要求人们根据他在 1859 年《〈政治经济学批判〉序言》中关于经济形态的演进规律来剪裁历史，相反，他极其强烈地反对这种历史观。

经济基础与上层建筑关系原理体现于具体社会的丰富性，在民族文化多样性上得到了最鲜明的表现。正因为文化具有民族性，因而在各民族的文化中，文化的各种形态，从风俗、习惯、交往礼节等世俗文化，到哲学、道德、法律、宗教等精英文化，都各有特点。我不太同意现在流行的笼统的东西文化比较或东西哲学比较，因为没有统一的抽象的东方文化，也没有笼统的西方文化。即使是东亚也包括中国、日本、朝鲜、韩国等，而西方欧美也包括很多国家，何况每个国家中还有不同的民族和种族以及地区性文化。即使我们采用汤因比以文明为单位的分析方法，实际上也是对各种文明圈的某些共同特点的分析。例如，我们可把历史发展分成若干种文明形态，如游牧文明、农耕文明、工业文明、生态文明之类，或把文明圈形态作为历史研究单位，但任何文明圈的划分都不可能消除文化的民族性，我们不可能把一个民族的文化划入所谓共同的文明圈。文化的特点始终是民族

① 《马克思恩格斯全集》第 25 卷，人民出版社 1974 年版，第 891—892 页。

的。至于文化传播和影响是另一回事。例如，儒家文化对中国周边国家产生了影响，但也不可能把其他受儒家影响的民族文化划为儒家文明圈。

二、文化多样性是民族多样性的必然产物

文化民族性产生的原因究竟是什么？如何用历史唯物主义观点分析这个问题仍属难题。美国著名文化心理学家理查德·尼斯比德的《思维地缘学——亚洲人和西方人的思维方式不同的原因何在》一书，就是以亚洲人为一方、以西方人为另一方作为比较分析的对象。他认为，亚洲人的特点是相互依赖，西方人则独立自主；亚洲人的世界观重整体，西方人则讲究分析；亚洲人认为世界是复杂的，西方人认为世界是简单的；亚洲人较注重关系，西方人则更重视对象；亚洲人可以接受矛盾，西方人则坚持逻辑性；如此等等。为什么会产生这种差别呢？作者认为源于地理环境，因为地理环境决定了农业基础结构，农业基础结构决定了经济基础结构，经济基础结构决定了社会结构，从而产生了上述不同的思维方式。

地理环境对一个民族的原始文化的产生及其特点肯定有重要作用，但一种文化不能简单地归之于地理环境。地理因

素是初始条件，它在人类社会早期的作用是巨大的，但它的作用是可变的，不断因生产方式的发展而改变它的作用的方式和重要性。因此，所谓东西方对立性思维方式及其特点不具有绝对性，不是不能逾越的“天堑”。说西方人现在仍然不重视整体，或者说东方人不重视分析，西方人没有矛盾观念，而中国人不重视逻辑，诸如此类关于东西方思维特点的论断，难免以偏概全，以树木为森林，以一时为永恒。在马克思主义发展史上，普列汉诺夫对地理环境曾做过分析。他重视地理环境的作用，但不是地理环境决定论者，在他关于社会五层结构的学说中，地理环境是通过生产力起作用的，是生产力的“函数”，是变量。这与把地理环境始终视为文化发展的最终决定力量的观点是根本不同的。

社会发展中起最终决定作用的是生产力状况和发展水平，地理环境是作为进入生产中的一种要素起作用的，因而不是地理环境决定文化形态，而是随着生产方式的改变文化形态也发生变化。中国由于黄河与长江有利于农业生产方式的产生和发展，因而对于中华民族文化的起源和农耕文化的发达具有重要作用，但黄河与长江并没有成为始终保持中华民族文化只能是农耕文化的决定性因素。随着生产力的发展，中国同样可以变为工业生产方式，实现现代化、信息化，从而改变农业传统中形成的观念和思维方式。改革开放四十多年，由于生产力的解放和发展，由于多种生产方式并存和实行社会主义市场经济，中国人的价值观念、思维方式包括生活方式都发生了很大的变化。尽管由于人为和自然因素，黄河、长江也会发生变化，但黄河依然是黄河，长江依然是长江。文化形态则不同，随着社会经济形态的更迭，文化也会发生形态和性质的变化。

文化多样性与民族本性不可分，可以说，文化多样性是民族多样性的必然产物。具有不同的语言、不同的活动地区、不同的经济生活和不同的心理素质的各个不同民族共同体，必然具有不同的、多样的文化。民族多样性是文化多样性的载体，而文化多样性又是民族多样性的存在状态。因此，马克思主义在中国社会主义意识形态中的指导地位，决不会也不可能取代中华民族的文化。马克思主义不能取代中国的文学艺术、绘画、音乐，不能取代中国的风俗、习惯和中国人对传统节日的怀旧情感。中华民族仍然是中华民族，中华民族的文化仍然是中华民族的文化。不同的是，在社会主义社会，由于马克思主义指导地位的确立，我们可以改变原来文化中某些旧的面貌，可以改造旧风陋俗，逐步建立与社会主义经济基础相适应的具有中国民族特点的社会主义文化。这并不违背经济基础与上层建筑关系原理，而是马克思主义关于经济基础与上层建筑的理论不同于抽象历史哲学的关键所在。

三、重视文化发展规律的研究

在当代文化建设中，历史唯物主义重视马克思主义在意识形态中的指导地位，坚持历史唯物主义关于经济基础与上层建筑的理论，但同样重视文化自身发展的规律，即文化发展的继承性。

一个民族的文化并不是一种抽象的、超历史的存在，而是具体的、不断变化着的存在。它既不能割断它由之而来的历史传统，更不能脱离它所依存的社会现实。前者我们称之为文化的继承性；后者我们称之为文化的现实制约性。现实制约性的本质是文化决定于它的社会结构。但任何文化的变迁都不是重新创造，而是改造。恩格斯说过，经济并不能重新创造一切。创造文化的是人，而人总是从已有的思想资料中寻找构建与新社会制度相适应的文化形态的元素。这就决定了任何社会的文化都不能摆脱传统。这不是缺点而是优点，因为它减少了重复创造。传统文化是依靠文化传统而延续的。可以说，没有哪一种现存的文化中不包含传统文化的因素。一种文化的活力不是抛弃传统，而是在何种程度上吸收传统，再铸传统。当然，传统的惯性也可能变成阻碍历史前进的重负，问题在于要正确对待传统。

当代中国社会主义先进文化的建设面对两种传统：一个是中华民族自古以来的民族文化传统。这就是中华民族在长期生存和发展中形成的以儒家为主导的传统。一个是中国革命的传统。这就是中国共产党成立以来领导中国人民在革命斗争和社会主义建设中铸就的文化传统，从井冈山革命传统、延安革命传统、西柏坡革命传统，一直到社会主义时期的以雷锋、焦裕禄、“两弹一星”以及汶川救灾精神等为代表的革命传统。这是中华民族的优秀儿女以自己的牺牲和奋斗精神结成的具有传承价值的丰硕成果。

我们要重视中华民族的文化传统。中国是一个有五千年文明史、有着光辉灿烂文化的文明古国。中华民族的文化博大精深，源远流长。我们有以孔子和孟子为代表的儒家学派、有以老庄为代表的道家以及其他许多对中华文化有重要贡献的学派。我们中华民族的文化是以儒家学说为主体的儒、法、道、释互补的文化，儒家文化成为主导，法家主张的严刑峻法并非不被采用，特别是在阶级矛盾尖锐、社会动乱时期，往往是儒表法里。但有利于维护大一统的中国封建社会的还是儒家学说，因为儒家学说强调仁爱、强调群体、强调和而不同、强调天人合一和天下为公，其中包含着许多合理的思想，具有民族凝聚力和向心力。

毛泽东运用历史唯物主义观点分析中华民族的传统文化，强调要区分封建主义文化和封建时代的文化，认为封建时代的文化不等于都是封建的，即使是封建主义的文化也不全是坏的；提出要区分封建主义发生、发展和灭亡不同时期的东西，认为当封建主义还处在发生和发展的时候，它有很多东西还是不错的。① 他还强调，我们民族好的东西一万年也不要搞掉，搞掉了，一定要来一个恢复，而且搞得更好一些。② 遗憾的是，毛泽东关于传统文化的符合历史唯物主义的思想并没有在实践中得到完全贯彻。特别是“文化大革命”中的“破四旧”，可以说是中华民族文化的一次灾难。在如何对待传统文化的问题上，我们是有教训值得总结的。

毫无疑义，社会主义社会要求建立与自己的经济制度和政治制度相适应的文化形态。在当代中国建设先进文化，就是建设中国特色的社会主义文化。社会主义文化建设不可能违背文化发展的规律，即文化总是在原有文化基础上向前发展的。但我们要以辩证的态度对待传统文化特别是儒家文化。正如恩格斯当年说只有德国无产阶级才能继承德国古典哲学传统一样，在中国，中国共产党人作为工人阶级先锋队、中国人民和中华民族的先锋队，应该是我们民族优秀文

① 《毛泽东文集》第 8 卷，人民出版社 1999 年版，第 225 页。

② 《毛泽东文集》第 7 卷，人民出版社 1999 年版，第 12 页。

化传统的继承者。

在中国革命传统中就凝结了中华民族的优良传统，它是中国传统文化的积极成果在新的形式中的延伸和再创造；中华民族文化传统正是由于新的革命传统而不会发生传统文化的中断和没落。我们文化的两个传统使中华民族的民族精神得到高扬。离开上述两个传统，我们就无法理解中国社会在改革开放时期所呈现出的勃勃生机。完全可以说，这种精神就是中华民族的优秀传统与中国革命传统相结合的当代表现。要在全面建设社会主义现代化国家、继续推进我国的改革开放事业中永远保持高昂的开拓进取和与时俱进的精神，就要坚持继承两个传统、发扬两个传统。

四、立足当代，背靠传统，面向世界

如何对待传统文化，对中国而言，这是西方文化东渐，尤其是西方资本主义入侵引发的民族危机所产生的问题。中国面对的经济和政治危机，同时也表现为文化危机。中国自古就是一个国力强盛、文化发达的大国，从来居于天朝上国，“万国衣冠拜冕旒”，充满文化自信力，根本不存在对自己传统文化怀疑的问题。但这种文化自信力在鸦片战争以后，在西方坚船利炮、各种不平等条约的宰割下受到了极大冲击。

全盘西化论者企图在中国走西方资本主义道路，在中国建立西方式的资产阶级国家。他们把西方资本主义生产方式优越于封建生产方式而导致的“天朝”崩溃，归结为文化问题，以虚无主义态度对待中国传统文化。这是对“中体西用”和“东方文化优越论”老调的反弹。但自由主义的全盘西化的思想始终没有成为中国文化的重要潮流。中国处在帝国主义统治下的半殖民地地位，使得自由主义的全盘西化的主张只能是梦想。在社会主义革命胜利后，由自由主义延伸的资产阶级自由化思潮更没有广泛存在和发展的可能。尽管改革开放以来，由于经济全球化，西方新自由主义思潮在世界包括中国得到传播，但始终不能成为主要思潮。当然，对于新自由主义思潮对我国改革开放政策施加影响，我们仍然要保持应有的警惕。

在当代中国，中华民族文化复兴与复兴儒学的关系往往难以厘清。文化复兴中影响较大的是现代新儒学思潮。与西化论不同，现代新儒学强调继承儒家道统，服膺宋明理学，力图会通中西，探求一条立足本土文化实现中国社会现代化的道路。有些新儒学代表人物，既重视作为中国传统文化主干的儒家文化传统，强调民族文化精神，又能关注西方文化成果，作为学者来说，自有它的积极意义和价值。就其对待中国传统文化的态度来说，既有可借鉴之处，又有可议论之处，但总的说来，其对待文化传统的态度具有文化保守主义的特色。我们主张有分析地对待现代新儒家学术思潮，但坚决反对政治儒学思潮。因为他们鼓吹中国内地当前最大的问题是复兴儒学问题，公然声称马克思主义不是西方的正统文化，而是具有破坏性的革命学说，马克思主义不能同作为中国正统文化的儒学相比，不能代表中华民族的民族生命和宗教精神。他们认为，儒学在当今中国内地应取代马克思主义的地位，复兴其历史上曾有过的地位是理所当然的。这是公然向马克思主义指导地位的挑战。这种挑战与真心追求中华民族文化复兴、继承中华民族文化传统无关，而是企图恢复儒学在社会主义社会的支配地位，从而使中国文化倒退为封建社会的文化。这种论调从学术上说完全是非历史主义的，从政治上说是开历史倒车。

在社会主义中国，在社会主义生产方式基础上，重新恢复适应以农业生产方式为基础、以血缘关系为纽带、以家国同构宗法政治制度为治理方式的儒家学说的统治地位，只能是一种唯心主义历史观。历史发展虽然有曲折，但决不会向后倒退。中华民族文化复兴的实质，就是以马克思主义为指导，吸收中华民族传统文化和西方先进文化的积极成果，建设社会主义先进文化。这种文化是科学的（按指导思想说），是社会主义的（按社会形态的性质说），又是中华民族的（按民族特点说），从而是大众的（人民大众是民族的主体）。

文化观本质上是历史观。一种文化观的深处往往潜藏着它的历史观念。在当代中国，任何唯心主义历史观或文化史观，都不可能解决当代中国面临的文化建设问题，不可能正确理解中华民族文化复兴的本质。只有以历史唯物主义为指导，才能捕捉社会主义文化建设中的问题，指明社会主义先进文化建设的方向。以马克思主义为指导，立足当代，背靠传统，面向世界和未来，这就是运用历史唯物主义观点考察当代中国文化建设中如何处理马克思主义和传统文化关系得出的重要结论。尽管文化建设中面临的理论问题和实际问题很多，但正确处理马克思主义指导地位和传统文化的关系是全部文化建设的理论主轴。

第四讲

马克思主义中国化进程中的时代课题

◇ 马克思主义与中国传统文化必须结合

◇ 马克思主义与中国传统文化能够结合

◇ 马克思主义与中国传统文化相结合的正确走向

马克思主义与中国传统文化相结合，是当前继续推进马克思主义中国化中一个重要的理论和实践问题。

从历史角度看，早在民主革命时期，马克思主义与中国传统文化的关系就为中国共产党人所关注。毛泽东同志在《中国共产党在民族战争中的地位》《新民主主义论》等文章中，从历史唯物主义的高度对这个问题作过论述。他指出，“从孔夫子到孙中山，我们应当给以总结，承继这一份珍贵的遗产”①；并提出了对中国传统文化应采用取其精华、去其糟粕的批判继承原则。毛泽东同志的《矛盾论》《实践论》和刘少奇同志的《论共产党员的修养》等著作，是马克思主义与中国传统文化相结合的典范。但是，民主革命时期中国共产党人面临的最紧迫任务是进行军事斗争，夺取政权，建立新中国，因而马克思主义与中国实际相结合的重点首先是从当时中国的经济、政治和阶级状况出发，探索如何制定与

① 《毛泽东选集》第2卷，人民出版社1991年版，第534页。

中国实际相符合的革命路线包括军事斗争的战略和策略。新中国成立后特别是改革开放以来，随着社会主义建设的逐步展开，马克思主义与中国实际相结合所关注的重点越来越深入到思想文化领域。

当今世界，文化与经济和政治相互交融，在综合国力竞争中的地位和作用日益突出。西方国家十分重视文化软实力建设，大力向发展中国家推销其价值观念。在国内，我们面临着建设社会主义核心价值体系、建设中华民族共有精神家园的重大任务，文化建设成为十分重要而紧迫的任务。因此，在马克思主义中国化进程中，坚持马克思主义在意识形态领域的一元化指导地位，正确处理马克思主义与中国传统文化的关系，也就成为中国共产党人在当前意识形态和理论工作中的重要使命。可以说，马克思主义与中国传统文化相结合，是马克思主义中国化继续推进的历史必然，是具有时代性的课题。

一、马克思主义与中国传统文化必须结合

正确处理马克思主义与中国传统文化的关系，首先需要弄清两者为什么必须结合。

马克思主义中国化内在地要求，马克思主义基本原理同

中国具体实际相结合、同中华优秀传统文化相结合。中华优秀传统文化和中国具体实际是密切相关的。不理解中华优秀传统文化，就难以全面把握中国具体实际。毛泽东同志说过，“对于中国共产党说来，就是要学会把马克思列宁主义的理论应用于中国的具体的环境。成为伟大中华民族的一部分而和这个民族血肉相联的共产党员，离开中国特点来谈马克思主义，只是抽象的空洞的马克思主义。”① 一个国家最具特点、最能表现国家和民族特色的，就是其传统文化。过去是如此，在改革开放新时期和新时代也同样如此，中国文化并不会因为实行改革开放和进行国际文化交流而失去自己的特色。事实上，改革开放以来，中国共产党倡导的全面建设小康社会、坚持以人为本、构建社会主义和谐社会、建设社会主义现代化国家等，都体现着中国传统文化的特色。

成为具有中国特色和中国气派的马克思主义必须与中国传统文化相结合。推进改革开放，建设和发展中国特色社会主义，是在中国这个具有自己独特文化传统的国家进行的。文化传统有着巨大的惯性作用。传统文化是文化传统的主要来源，在现实社会中继续发挥着作用。马克思主义能否与中国传统文化相结合，关系到马克思主义在中国能否生根、能

① 《毛泽东选集》第 2 卷，人民出版社 1991 年版，第 534 页。

否得到中国人民的文化心理认同。如果马克思主义不能与中国传统文化相结合，脱离了中国的文化传统，就不可能把马克思主义变为具有中国特色的马克思主义，也就不可能使马克思主义在中国的文化土壤上扎根。马克思主义是科学的理论，是符合中国革命和建设需要、符合中国人民根本利益的理论。从传播和接受的方式来说，它也需要与中国传统文化相结合，成为具有中国特色和中国气派的马克思主义。

推进马克思主义大众化必须认真研究和学习中国传统文化。大众化离不开语言这一载体，语言通俗是马克思主义大众化的重要方式。马克思主义有自己特有的范畴、概念和理论思维方式，要想使之真正在中国发挥作用，就不能只说从国外翻译过来的专业行话，而要学会说中国话，即运用中国人的语言风格和表达方式。黑格尔说过，一个民族只有用自己的语言来习知那最优秀的东西，这东西才会真正成为它的财富，否则它还将是野蛮的。他还说，“我也在力求教给哲学说德国话”。而要让马克思主义说中国话，就必须研究和熟悉中国传统文化。没有语言的通俗化，很难做到大众化。如果不把马克思主义从课堂上和书本里解放出来，通过语言的通俗化使其走进人民大众，就难以发挥其教育群众、武装群众的作用。中国传统文化不仅有深厚的文化积淀，而且有丰富而生动的哲学语言，充满着富有智慧的表达方式。要使马克思主义真正为中国人民所喜闻乐见，中国的马克思主义者必须认真研究和学习中国传统文化。

二、马克思主义与中国传统文化能够结合

马克思主义与中国传统文化相结合并不是建立在抽象的必须上，而是确实存在这种结合的可能性，即不仅是必须结合而且是能够结合。这种结合的可能性，决定于马克思主义理论与中国传统文化的各自特质。

马克思主义是具有世界性的科学理论，易于在不同民族文化中扎根。马克思主义是在继承和改造人类知识中产生的，它不单属于哪个民族，而是具有世界性的科学理论。马克思主义的传播也是如此。因为它是科学理论而且具有普遍适用性，因而很容易在其他国家的文化土壤中生根，得到认同。关于马克思主义在其他国家传播和接受的可能性问题，恩格斯说过，“马克思的世界观远在德国和欧洲境界以外，在世界的一切文明语言中都找到了拥护者。”① 如今，马克思主义早已越过欧洲和美洲，传播到全世界，在各种不同民族文化中扎下了根。

① 《马克思恩格斯全集》第 28 卷，人民出版社 2018 年版，第 534 页。

中国传统文化倡导和而不同，具有海纳百川的极大包容性。在中国文化史上，既有东学西渐也有西学东渐，宗教从来没有在中国文化中处于完全主导地位，中国文化不具有排他性的宗教文化特色。中国传统文化是一种崇尚理性和智慧的道德伦理型文化，对马克思主义有一种亲和力。这不仅是由于中国传统文化具有兼容并包的特性，而且由于它们在内容上有许多契合之处。如中国传统文化中的大同思想、民本思想、和谐思想、素朴的唯物主义和辩证法等，都与马克思主义有某种程度的兼容性。可以说，从传统文化的性质和内容来说，中国传统文化具有能够与马克思主义相结合的内在规定性。

当然，无论从时代性、阶级性还是从社会功能来说，马克思主义与中国传统文化都是不相同的。强调马克思主义与中国传统文化能够结合，并不否认其中存在的时代差异性和理论矛盾。正因为如此，如何解决两者结合中的矛盾就成为一个必须重视的课题。马克思主义不会也不能取代中国传统文化，而应发挥其特有的世界观和方法论的指导作用，推动中国传统文化与当代社会相适应、与现代文明相协调，既保持民族性又体现时代性。而中国传统文化的研究者应该重视对马克思主义的学习，掌握马克思主义的基本理论和方法。马克思主义与中国传统文化相结合，可以使两者都得到丰富和发展。中国传统文化由于马克思主义的指导而实现符合时代需要的现代性转化，马克思主义由于中国传统文化的滋养而更具中国特色。正是在这种结合中，马克思主义中国化、时代化、大众化不断向前推进。

三、马克思主义与中国传统文化相结合的正确走向

在马克思主义与中国传统文化相结合中，有两种错误倾向应当防止，即文化虚无主义和文化复古主义。文化虚无主义极力夸大马克思主义与中国传统文化的矛盾，认为马克思主义与中国传统文化不可两存，坚持马克思主义就必须彻底否定中国传统文化。这是一种错误的幼稚思想。在推进社会主义文化建设中，我们应时时注意到这一点，不能犯否定传统、与传统彻底决裂的错误。与此同时，也要防止文化复古主义。特别是在倡导民族文化复兴的新形势下，不能把重视传统文化与无条件地推行尊孔读经等同起来。中国传统文化内容丰富多彩、各家并存。虽然儒家学说在中国传统文化中长期处于主导地位，但其他各家各有贡献、各有所长。我们应全面研究中国传统文化，特别是重视研究儒家学说，因为它是重要的文化遗产，其中包含许多宝贵思想财富，但不能把重视中国传统文化变为文化复古。中国传统文化是建立在

农业生产方式基础上的以血缘关系为纽带、以宗法制度为依托的文化，具有时代和历史的局限性。

中国文化既包括中国传统文化也包括中国当代文化。就马克思主义与中国传统文化的关系来说，马克思主义来自西方，相对于中国传统文化属于外来文化；但中国化的马克思主义则属于中国文化，而且是中国当代文化的指导思想和核心内容。我们应立足于当代，以当代人的观点重新诠释传统文化，对传统文化进行合理的吸收和现代性转化，以表达现代人的眼光和观点，而不能把当代人的理解全部挂在古人名下，甚至对其明显的错误极力辩解、极力拔高并加以粉饰。不管某些论者如何排斥马克思主义，认为儒家学说自身依然充满活力，通过“返本开新”就能自我更新，但历史已经证明这条路走不通。

在当代，马克思主义与中国传统文化相结合的根本目的是推进马克思主义中国化，创造当代中国先进文化。社会主义中国要建立和发展与其经济基础相适应，以马克思主义为指导，以中国传统文化为根，以人类优秀文化为营养的社会主义先进文化。这是马克思主义与中国传统文化相结合的正确走向。

第五讲

中华民族文化及其基本精神

◇ 文化经典是中华民族生存智慧的结晶

◇ 中华民族文化与中国人民

◇ 杰出人物——中华文化精神人格化的样板

作为世界文明古国，中华民族文化的发展几千年没有中断过。先人给后代子孙留下了最丰富的文化遗产，其中文化经典是世界少有的文化瑰宝。对于一个民族来说文化经典是民族文化发展成熟程度的标志性界碑。研究中国文化基本精神，当然要研究中华民族的文化经典，但又不能仅停留于典籍的研究，必须同时看重在历史和现实中推动中华民族发展的活生生的民族精神，这就是中国广大人民群众、其中包括为中华民族发展作出杰出贡献的历史人物的实践精神。人民群众和中华民族杰出人物是中华民族精神的主体。单纯停留在文本范围，跳不出旧时注经的藩篱。

毛泽东曾经指出："在中华民族的开化史上，有素称发达的农业和手工业，有许多伟大的思想家、科学家、发明家、政治家、军事家、文学家和艺术家，有丰富的文化典籍。"① 他还说："中华民族不但以刻苦耐劳著称于世，同时

① 《毛泽东选集》第 2 卷，人民出版社 1991 年版，第 622 页。

又是酷爱自由、富于革命传统的民族。”“在中华民族的几千年的历史中，产生了很多的民族英雄和革命领袖。所以，中华民族又是一个有光荣的革命传统和优秀的历史遗产的民族。”① 从经典文献、中国人民及其杰出代表人物的相互联系和相互作用中研究中华传统文化的基本精神，更具有说服力。作为中华民族文化基本精神之文字符号载体的典籍，不是可以任意解读的单纯文本，而是实实在在与中华民族的生存和发展的实践融为一体的精神承载。

一、文化经典是中华民族生存智慧的结晶

在世界文化史上，像中华民族这样拥有如此多的经典文献而且重视整理、传授，是罕见的。中国不仅有经典，而且有堪称古代百科全书的各种类书，广收文献、资料，为后人留下了可供研究和吸收的经典，包括《永乐大典》《四库全书》这样规模宏大的文献宝藏。经典的产生和传承、文献的大规模整理，这对中华文化的源远流长、持续不断的发展具有重要作用。

一个民族的文化结构是一个整体，但整体中的部分可以

① 《毛泽东选集》第 2 卷，人民出版社 1991 年版，第 623 页。

各有特点。作为中华文化遗产的经典文献中会有各种不同的观点。例如，中国历史上的所谓九流十家，各有其说；儒墨道法，各有所本。但它们不仅相异，还有相同之处。因为它们是在大体相同的地理、经济和政治环境中产生的，从而可以“百虑而一致，殊途而同归”。中华民族文化的基本精神，就是中华文化经典中处于主导地位的思想精粹。

中华民族的基本精神不能简单归为儒家精神。毫无疑问，儒家学说是对中华民族基本精神影响最大、最为久远的学说，但是中华民族的基本精神包括各家的优秀思想。近代德国学者施伟策肯定各家的贡献，例如他在讲到中国文化的生命观和世界观时说：“世界与生命之肯定问题，无论在其本身还是在它与伦理学的关系方面，在其他任何地方都未能像在中国思想中那样成为一个包罗万象的样子。老子、庄子、孔子、孟子、列子等等，都是这样的思想家。在他们那里，西方思想须努力解决的世界观，却被一种非常奇怪而又深深吸引我们注意力的方式表现了出来。”①

中华民族经典中包含的智慧是丰富多样的，很难通过几个格言式的论断概括无遗。随着不同时代的不同思想家的研究，它能够不断推陈出新；不同人是在不同条件下阅读经

① 《中国印象——世界名人论中国文化》上册，广西师范大学出版社 2001 年版，第 254 页。

典、研究经典的，肯定会有不同的解释。中国注经著作之多也是世界罕见的。但无论如何解读，其中不少在中华民族的历史和现实中得到共识和具有导向性的思想应该摆在首位。例如“天行健，君子以自强不息”的奋斗精神，民胞物与的和谐精神，和而不同的包容精神，兼爱非攻的和平精神，便国不法古、与时俱化的求实和变革精神，都是中华民族文化的精髓。儒家的积极入世思想与庄子的安时处顺、淡泊名利的思想，孙子兵法中的战略和“不战而屈人之兵”的思想与墨家的兼爱非攻思想，可以相互补充，成为一个面对各种处境优裕从容的完整的精神世界。中华民族文化的基本精神是中华民族文化作为一个具有特色的整体结构的支柱，是中华民族文化区别于其他民族文化的根本特征。因此，要了解中国和中国人，就要了解中国文化及其基本精神。否则，任何对中国的理解都只能是表面的、肤浅的、瞎子摸象式的各执一词。

中国的文化精髓不是外在的器物，而是内在的、需要研究才能不断理解的民族精神。有些西方哲学家能在一定程度上理解这一点。例如法国诗人瓦莱里在给中国作家盛成《我的母亲》一书写的序言中说：“如果我们仍然无视一个外民族的情感和内心世界，而仅仅欣赏他们创作的花瓶、瓷器、牙雕、青铜器和玉器，那是无法真正评价和发掘一个外民族的聪明才智的。因为远比这些只供摆饰、消遣的珍贵纪念品的艺术宝贵的是：一个民族的生命力。”① 所谓民族生命力的内在核心在于它是民族文化的基本精神。中华民族的生活方式及其特有的工艺品、器物和一切可以称之为中国的东西，都承载着中华民族文化所具有的意义和价值。世界任何国家可以用现代工艺仿效中国的各种器物，但无法仿效其中承载的中华民族的基本精神。因为器物在国外只是一技一艺、一物一器，而在中国它是整体文化结构的一部分。一张檀木太师椅可以仿造或出口，但它在以往中国厅堂中形成的中国特有的文化氛围是无法移植的。它的文化味道是中国的，而且只能是中国的。德国著名文化理论家施宾格勒在讲到中国园林时，也是强调文化内在精神对外在实物表现的影响。他说：“中国的园林避免那种朝气蓬勃的景色。它布置得景色重叠，不将目标指明，却引起信步漫游。具有通过重门、丛林、台阶、桥梁和庭院的通路的中国早期的‘教堂’——辟雍，从来不曾有过埃及式的冷漠行进式或哥特式的排闼直入。”②“庭院深深深几许”“曲径通幽”，就是中国民族不喜

① 《中国印象——世界名人论中国文化》上册，广西师范大学出版社 2001 年版，第 89 页。

② 《中国印象——世界名人论中国文化》上册，广西师范大学出版社 2001 年版，第 314 页。

张扬、含蓄、深邃的民族精神的一种体现。

当然，任何民族的传统文化都不可能是绝对的精华，毫无杂质，中华民族的文化也是一样。中华民族历史上在不少领域有过令世界羡慕的创造，但也沉积下不少文化杂质。如果只看到精华而无视杂质当然是片面的，可如果不着眼于中华民族的基本精神即它的主导方面，着眼于维持中华民族生存和发展的精神支柱，而是过分强调它的杂质，更失之于片面。我们应该以历史唯物主义态度继承中华民族的优秀文化遗产。毛泽东当年说过："我们是马克思主义的历史主义者，我们不应当割断历史。从孔夫子到孙中山，我们应当给以总结，承继这一份珍贵的遗产。"① 所以当下，我们应该认真学习和研究中国的一些经典。特别是从事人文学科学习、研究和教学的人更应该如此。人文素质的培养，其中一个途径就是学习中华民族的优秀文化，通过阅读经典体会和学习我们先哲们的智慧，这比起只满足于流行的快餐文化或者用不着费心费力的文化消闲，要有益得多、深沉得多。

我们不应该在当代中国的文化复兴中以读经为第一要务，因为现在不是封建科举时代。我们必须懂得什么叫"复古"，什么叫"继承传统"：崇拜过去，蔑视现实，言必夏商

① 《毛泽东选集》第 2 卷，人民出版社 1991 年版，第 534 页。

周，唯经典是从，谓之“复古”；立足现实，把古代优秀的东西用来推进现实，创造未来，谓之“继承传统”。毛泽东说过：“中国的面貌，无论是政治、经济、文化，都不应该是旧的，都应该改变，但中国的特点要保存。”[①] 文化不是停滞不动的，中国文化应该发展。继承、创造、发展，是一个民族的文化得以保存和发展的规律。世界上所有文明古国之文化发展的中断，都是因为与此规律相背。在中国当代，有选择、有目的地引导人们阅读一些古典名著，而且提高阅读水平、加深理解，重视掌握其中蕴藏的中华民族文化的基本精神，肯定有利于中华民族的文化复兴，有利于中国人民尤其是青年一代人文素质的提高。在继承中发展，在发展中继承，这是正确对待中华民族文化的马克思主义的态度。

二、中华民族文化与中国人民

世界上不存在所谓优等民族和劣等民族。毋庸讳言，中华民族文化对于中国人的生活态度有着重大影响。中国文化优越论是坐井观天之论，但认为中国文化是一个大酱缸，中国人的一切不文明行为都是源自中国文化，也是妄自菲薄。

① 《毛泽东文集》第 7 卷，人民出版社 1999 年版，第 82—83 页。

中国文化中当然有年积日久的消极的东西，特别是当西方进入资本主义、中国封建社会开始衰败、接踵而来又沦入半封建半殖民地社会的时期。但从整体说，中华民族传统文化是世界上比较优秀的文化这是世人公认的事实。特别是中华民族文化的基本精神，对于整个中华民族的生存、发展和国家的统一，对民族性格的形成，起着重要积极的作用。

中华民族文化绝不是只以文字为载体存放在图书馆里的文献，而是实实在在地存在于中华民族的生存方式之中。中华民族多元一体的文化是中华民族儿女共同创造的，而中华文化又以其文化乳汁孕育和培养了一代又一代中国人。可以说，中国人身上都烙上了中华文化的烙印。民族认同在一定意义上可以说是文化认同。民族和个人类似：每个人有个性，相互区别；每个民族亦有民族性格，相互区别。民族文化的长久积淀必然成为塑造民族性格的文化环境，民族性格就是在一定生产方式基础上被内化的民族文化。文化是发展的，所谓民族性格也不是一成不变的。

例如和谐思想是中华民族传统文化的重要思想，也是中华民族的民族性格。美国作家赛珍珠在《中国：过去和现在》中说："和谐是中国文明的关键词：一个人与他周围的人、与自然和谐，那么这样的人是有教养的人，这是智慧的哲学，富于和平和自我控制。”[①] 这种说法是正确的，是她在中国生活多年从中国人民身上得到的亲身体会。

中华民族的民族性格的确是主张和平的。有些学者认为这种和谐思想造就了中华民族的文弱和保守，并以中国历史上修筑长城以自保的防守政策、汉唐的和亲政策以及中国古代诗歌中的厌战情绪为例。这是不理解中华民族内各民族间的关系。中华民族各民族间虽然有过矛盾和战争，但最终都是化干戈为玉帛。在中华各民族之间，中华文化主张“和为贵”，以化解民族间的积怨和矛盾。从长远来看这有利于中华民族一体多元民族的形成和民族间的和睦相处。中华民族能融合成包括 56 个民族的中华民族大家庭，就与这种政策有关。在历史上虽然民族间存在矛盾和战争，但总体上说中国文化是不主张民族战争的，是“敷文化以柔远”，以文化力量促进民族的融合。

中华民族在内部各民族间主张民族和谐，对外同样如此。在历史上，中华民族没有向外侵略和扩张的历史。中国历史上与外界的交往都是文化的或商业的交往。陆地或海上的丝绸之路，是寻求贸易和文化交往的友谊之路。即使在中国仍然保持强国地位的明朝早期，永乐三年三保太监郑和率

① 《中国印象——世界名人论中国文化》下册，广西师范大学出版社 2001 年版，第 215 页。

领当时最先进的船队 240 多艘，数万之众，前后七次，远航东亚和东非多国。远航是否具有国内皇权争夺的政治目的史无定评，但有一点可以肯定，对外没有掠夺、没有战争而是友好交往。它不是西方资本主义那种以殖民和掠夺为目的的海盗式的远征，而是充分彰显了中华民族的和平精神。

当然，和谐决不意味着中华民族对外来的侵略逆来顺受。中华文化不会培养“狼”，但也不会培养“羊”。中华民族文化主张和谐，同时又主张天下兴亡匹夫有责，倡导爱国主义，纪念和传颂战死疆场、以马革裹尸的血性男儿。中华民族是既主张和谐又具有反抗侵略精神的民族。当年日本占领东北，进行压制与奴化教育和宣传，但中华民族文化具有的不可抗拒的凝聚力、向心力和爱国主义传统，使得日本军国主义终究不可能长久占领东北。罗素在《中国问题》中也曾断言：不管满洲现在的政治状况如何，它将仍然是中国文明的一部分。一旦日本人面临困难，满洲就能归回中国。为什么？罗素除了说中国力量源于她的 4 亿人口之外，特别强调：“来自他们民族习惯的坚韧性，以及他们无与伦比的民族凝聚力。”① 凝聚力是一种内聚力。中华民族文化的凝聚力是中华民族永不屈服的精神力量。

---

① 《中国印象——世界名人论中国文化》下册，广西师范大学出版社 2001 年版，第 105 页。

近代一百多年的中华民族的历史就是反抗帝国主义侵略的历史。从鸦片战争到抗日战争的历史，是中华民族救亡图存、为中华民族伟大复兴而牺牲奋斗的历史。毛泽东在追悼抗战阵亡将士大会上的讲话中说过："中华民族决不是一群绵羊，而是富于民族自尊心与人类正义心的伟大民族，为了民族自尊与人类正义，为了中国人一定要生活在自己的土地上，决不让日本法西斯不付重大代价而达到其无法无天的目的。"①中国人民以宁死不屈、同仇敌忾、前仆后继的牺牲精神终于取得了抗日战争的胜利；之后，又以"宜将剩勇追穷寇，不可沽名学霸王"的彻底革命精神，打倒蒋家王朝，解放全中国；不久又进行了抗美援朝战争。这些都是表现中华民族的斗争精神、发扬中华民族的正气的结果。和谐精神与自强不息的战斗精神不是绝对对立的。和谐是我们的目的，但追求和谐与发扬自强不息、敢于斗争的精神是相互依存的。

"人不犯我，我不犯人"同样是中华民族的基本精神中不可或缺的重要内容。在当代，中国正处于和平发展中，中国倡导建立和谐世界、和谐亚洲，这充分体现了中国在处理当代国际问题上贯彻"和为贵"的精神。当然，中华民族不会同意以牺牲国家主权和民族尊严为代价的所谓"和谐"。

① 《毛泽东文集》第 2 卷，人民出版社 1993 年版，第 113 页。

主张“和为贵”的孔子说过：“知和而和，不以礼节之，亦不可行也。”（《论语·学而》）在当代国际关系和国际秩序中，这种所谓“礼”就是坚持和平共处五项基本原则。

学者们不断在探讨，为什么在众多古老文明中唯独中华民族的文明发展没有中断，为什么中国在历史上存在过分裂但终究走向了统一？中国独特的地理环境，幅员广大的疆域，处于内陆、东有大海西有高山北有沙漠作为屏障，这些或许是后来中国版图内众多民族通过交往融合成中华民族的重要因素。但最根本的因素还是中国的经济、政治和文化的相互作用。

在任何一个民族的发展中，经济、政治、文化都不是独立的单元，而是相互作用的。历史证明，任何强大的帝国如果单纯以军事手段维系而没有相应的经济基础，虽能崛起辉煌于一时，终会成为过眼烟云的历史陈迹；同样，任何古老的文明如果不能保持一个稳定的国家结构和相对稳定的疆域，国家分裂和民族间的争斗不断，那么随着民族矛盾尖锐而导致统一国家的解体和分裂，文化发展的延续性也会中断。没有国家的统一和民族的和谐，就不会有文化传统的延续。

中华民族自古以来有发达的农业经济。在近代工业资本主义兴起之前，发达的农业经济是一个国家繁荣昌盛的经济基础。中华民族在历史上拥有黄河、长江这样有利于农业经济的得天独厚的条件，并在发达的农业生产方式基础上发展出比较成熟的中央集权和文官制度。正是在这些条件下，中华民族产生了特有的与其经济基础和政治制度相符合的发达的中华文化。这种文化又成为支撑它的精神支柱。中华民族勤劳、勇敢、和平、包容，重国家、重集体、重亲情、重友情，这些是在长期劳动实践中形成的民族性格，也是中华民族文化长期哺育的结果。

中华民族文化哺育中华儿女上述优秀民族性格的途径，是一个值得探讨的问题。中国虽然有发达的文化经典，但一个以农民为主体而且多数是文盲的国家，经典文化如何发挥它的作用？中国文化有精英文化也有世俗文化这两者不可分。中国的知识分子或者说士大夫，是通过经典文化来培养的。这包括学校、书院、私塾等途径，特别是中国的科举考试制度。科举制后来僵化为以四书五经为敲门砖，成为束缚知识分子思想的绳索，但它曾经对中华民族文化尤其是儒家文化的传承起过重大作用。另一种方式是世俗化的。中国普通老百姓没有条件接受学校教育。他们不是通过阅读经典，而是通过劳动和实际生活，通过民风、民俗、传统节日、地方戏以及人际交往中的道德规范、具有文化承载的谚语和格言，来接受中华民族文化的。这些都是与人民的实际生活融为一体、最为普通群众喜闻乐见的方式。经典文化中的基本精神通过多种方式，借助世俗文化发挥它的作用。即使没有读过经典的中国人，包括人口众多的中国农民，在这种文化环境下都会受其濡染和熏陶，自觉或不自觉地成为一个在不同程度上由民族文化精神培育具有中国人的价值观念、道德观念和思维方式的中国人。

中国文化中那些有利于维持旧的封建统治、维护官贵民贱、宣传因果报应和鼓吹旧的伦理道德的思想，同样也会通过世俗化途径而成为束缚和驯化人民思想的枷锁。我们应该区分中国传统文化和中华民族传统文化的基本精神。中国传统文化不全是优秀文化，各家学说中包括长期处于主导地位的儒家学说中，都有不少杂质和不合时宜的思想观念。然而历史和实践证明，中华传统文化的基本精神却永远是中华民族文化中最可宝贵的思想财富。中华民族文化中的基本精神并不是任何时候都能得到贯彻和实现。“民为贵，君为轻，社稷次之”：在君重民轻的封建社会从来没有实现过，也不可能实现；“王子犯法，庶民同罪”，在封建社会的人治制度下往往流于空话；“和而不同”的包容精神，在君臣之间、在所谓君子之间并非都是现实的关系。但并不能因此否定它们的价值。中华传统文化的基本精神不仅为中华民族提供思维方式，而且具有理想性、价值性和导向性。中华民族历代的先进思想家和杰出人物对自强不息、和而不同、民胞物与、海纳百川等精神的正面认同、追求和实践，不断鼓舞和激励中华民族在任何挫折和磨难下依然奋勇前行。这种中华文化的基本精神在社会主义条件下应得到继承和充分发扬。

三、杰出人物——中华文化精神人格化的样板

一个没有英雄的历史是寂寞的无声息的历史，没有英雄的民族是孱弱的民族。中国人的民族性格是在特定的经济生产方式和制度下的文化的凝结与文化精华，而广大人民又哺育了中国历史和现实的杰出人物。他们堪称民族的脊梁，国家的栋梁。中华民族历史和现实中的人物，就是中华民族文化基本精神的人格化，也是中国人民的杰出子孙。他们既是文化和人民的产儿，又是具有文化传承和民族激励力量的样板。邓小平说："我是中国人民的儿子，我深情地爱着我的祖国和人民。"[①] 这句话生动地表达了中华文化的精神力量。

中华民族历史上有许多体现中华民族精神的杰出历史人物，他们的人格和气节为时人和后人传诵和景仰。"富贵不能淫，贫贱不能移，威武不能屈"，是最为中华文化所称道

① 《邓小平年谱（1975—1997）》下册，中央文献出版社2004年版，第714页。

的理想人格、气节。文天祥在《正气歌》中以强烈的感情讴歌了中华民族历史上那些体现中华民族精神风骨的各类历史人物，文天祥自己就是其中最杰出的之一。“人生自古谁无死，留取丹心照汗青”，是中华民族文化倡导的人格和气节的诗化、中华民族中各个民族都有自己值得称道的杰出人物。林则徐的“苟利国家生死以，岂因祸福避趋之”、谭嗣同的“有心杀贼，无力回天。死得其所，快哉快哉”，树立了以壮烈之死为改革鸣锣开道的英雄形象。至于李大钊、毛泽东、周恩来，以及无数在战场上、在刑场上为中华民族解放而视死如归的英雄，都既是共产主义精神，又是中华民族传统基本精神的当代体现。又如钱学森先生，不仅为中华民族作出了杰出贡献而且有着炽烈的爱国主义情怀。他说：“我是中国人”，“我在美国前三四年是学习，后十几年是工作，所有这一切都在做准备，为了回到祖国后能为人民做点事。”① 可以说这是中国知识分子对中华民族文化高度认同的一种方式。

鲁迅针对 1931 年“九一八”事变后一些人对自己国家失去信心，一味求神拜佛、怀古伤今的颓败情绪，发表过一篇杂文《中国人失掉自信力了吗》。他说：“我们从古以来，

① 《人民科学家钱学森》，《人民日报》2001 年 9 月 25 日。

就有埋头苦干的人，有拼命硬干的人，有为民请命的人，虽是等于为帝王将相作家谱的所谓‘正史’，也往往掩不住他们的光辉，这就是中国的脊梁。”[①] 鲁迅还针对国民党反动当局镇压革命者的白色恐怖悲愤地说：“这一类的人们，就是现在何尝少呢？他们有确信，不自欺，他们在前仆后继的战斗，不过总在一面被摧残。被抹杀，消灭于黑暗中，不能为大家所知道罢了。”[②] 瞿秋白、方志敏，以及被国民党暗中杀害于龙华监狱的五位左翼作家，在鲁迅眼里就是中国的脊梁。事实证明，扼杀作为民族基本精神代表的杰出人物的往往是专制统治者，特别是拼命维系腐败政权的统治者。从这一角度说，真正能体现中华民族基本精神的不是逆历史潮流的反动统治者，而是广大劳动人民和为民族兴亡鞠躬尽瘁、死而后已的杰出历史人物。

中华民族文化的基本精神是中华民族文化的精粹，是中华民族精神的主轴和最可宝贵的精神财富。我们不能否认传统文化中的糟粕需要批判，人民中受其影响而产生的落后的东西需要不断改进。我们不能赞美三寸金莲、不能赞美纳妾以及一切与近代文明相悖的东西。但我们也应该相信没有永恒不变的中国人，也没有永恒不变的民族性。一个国家的经

---

① 《鲁迅全集》第 6 卷，人民文学出版社 1953 年版，第 91 页。

② 《鲁迅全集》第 6 卷，人民文学出版社 1953 年版，第 92 页。

济制度和政治制度会改变，文化会发展；在新的社会主义条件下，中华民族文化中消极的或由于政治原因被扭曲、被滥用以维护旧的统治愚弄人民的东西，那些压抑和钳制人民的精神和个性的东西，会逐步被清洗和淘汰。旧的经济制度和政治制度下形成的中国人的某些缺点会发生变化。人的本质是社会关系的总和。阿Q是旧式农民的形象，而不是中国农民永恒的形象。为人所诟病的中国人中的一些不文明现象、一些缺点都是时代造成的，而非中华民族的民族劣根性。没有天性丑陋的中国人，只有丑陋社会和腐败政府酿造出的某些中国人的不文明的丑陋行为。任何对国民性和所谓民族劣根性的抨击，最终若不指向旧的经济制度和政治制度，只停留在文化层面，则是难中腠理的。毛泽东曾经预言："我国几亿人民一旦真正得到解放，他们巨大的生产潜力一旦被解放出来，并被用于各个领域的创造性活动，就能促进经济发展，提高全世界的文化水平。"①

中华人民共和国成立时，毛泽东在天安门城楼向全世界宣告："中国人民从此站起来了。"中国人民摆脱旧制度的桎梏，以新社会主人的身份参与社会主义的建设，中国人中落后的不文明的东西在改造中国社会的同时不断得到改造。中

① 《毛泽东文集》第1卷，人民出版社1993年版，第393页。

国人民的爱国主义热情、文化自觉和民族自豪感从来没有像现在这样强烈，原来被讥讽为一盘散沙的中国人被组织起来了、被团结起来了。这是社会经济制度和政治制度变化在思想文化上的必然反映；这是在社会主义经济和政治基础上，中国共产党领导的真正的文化复兴。当然，把中国 14 亿人都变成具有高度文化素质和文明行为的社会主义新人，这是一个长期的艰巨的任务。

历史发展是包含矛盾的。在社会发展中，一个民族的传统既可能成为社会进步的垫脚石，又可能成为社会发展的障碍，因此，社会发展往往会成为破坏传统和重建传统的双重过程。在人类历史发展的长河中，对传统的最大冲击来自由封建社会转向资本主义社会、由传统农业生产方式转变为资本主义生产方式的进程。这是一次人类观念历史的大变动。马克思和恩格斯在《共产党宣言》中，对资本主义取代封建社会在传统与现代关系方面所带来的变化做过非常生动的描述。不同于卡莱尔或西斯蒙第等人，他们由于这种变化而企图扭转历史前进的方向，对田园诗般的往昔怀着无比惋惜的伤感情调；马克思和恩格斯则向前看：他们肯定这种变化的积极意义，赞扬资产阶级在历史上曾经起过非常革命的作用，但同时又指出资本主义把人与人的关系变为赤裸裸的利害关系，把人类感情淹没在利己主义打算的冰水之中——这种人际关系和价值观是一种异化，但它是历史的过渡，必将为新的社会形态和新的观念所取代。倍倍尔曾说："目睹资本主义条件下种种丑恶现象，目睹宗教唯灵论和金钱拜物教对群众的腐蚀，我们痛心疾首。我们多么渴望有朝一日在社会主义制度下逐步地、全面地、系统地实现我们的思想道德信念和核心价值！"①

可以清楚地看到，当代中国正在经历由农业生产方式向工业生产方式、由计划经济向市场经济的转型。乡土中国正在转变为现代化、工业化、信息化的中国，熟人社会转向陌生人社会，以血缘和人情为纽带的人际关系转变为以货币为交换纽带的金钱关系。在这个过程中，价值观念、道德观念方面的变化是急剧的。中国的农民已经不是小农经济下的农民，进城打工的农民已经不是农耕方式下的农民，进入大城市被推进市场经济大潮中的农民已是与他们父辈具有不同观念的农民。他们逐渐失去由农业生产方式所赋予的乡土本色。各个阶层的人的思想观念都会在社会经济变动中发生变化。在这种变化中，是有利于促进社会主义市场经济发展和完善的思想观念的解放，但也潜藏着价值观念混乱和道德滑坡的危机以及某些社会问题。

① 转引自韦建桦：《社会主义核心价值体系的历史内涵、科学精神、创意品格》，《光明日报》2007 年 12 月 4 日。

中国的社会主义现代化不是西方资本主义现代化进程的翻版或缩影。在当代中国的历史进程中，社会的确出现了某些与西方现代化进程中类似的现象。但历史中任何类似的现象，在完全不同的条件、时代或制度下，却可以具有不同的内涵和意义。我国精神文化领域中出现的消极现象是一种代价，但不是无足轻重的代价。中国共产党人非常重视精神文明和社会主义核心价值观念的建设。我们要重视传统文化基本精神的教化力量但更需要以马克思主义为指导，从中国现实出发，对转变中的问题进行科学分析。强调马克思主义与中国实际相结合，强调中国特色社会主义理论，其巨大意义正在于此。

我们不应认为中国传统文化十全十美，是包医百病、起死回生的灵丹妙药，而是必须将之用得其所，用得其法，用得其道。例如企图以中国文化来解决西方的制度性危机，这是一种文化迷信。用儒学来分析 21 世纪的经济危机和金融危机，用儒家道德来劝说和规范金融机构高管们的行为，我以为很难奏效。这不能怪孔子，也不能怪儒家学说，因为从一个公元前几百年的思想家的道德理想中寻找解决 21 世纪西方经济和金融危机的药方是无能为力的。这不是孔子的错误，而是我们当代人的错误。要回答经济危机和金融危机问题，必须对资本主义制度和全球化问题进行马克思主义的探索，而道德并非分析的科学理论框架。道德批判并非科学批判，而只是对行为的评价。儒家道德劝说甚至对金融机构高管们进行道德的谴责和鞭挞，并不能杜绝资本主义制度性的危机：即使一批人暂时缩手，另一批人也会卷土重来，因为危机是资本主义制度的伴生物。

任何思想学说都是有所能，有所不能。在大力推进社会主义现代化的同时，强化以社会主义核心价值观体系为基本导向的先进文化建设，我们就可以从中华民族文化这座宝库中吸取丰富的资源。中华民族文化是中华民族世世代代在中国这块土地上生活实践之经验的积淀，其中包含的处理人类实践中一些基本关系的基本精神，具有某种超越性。以往存在于文化经典中的智慧，作为思想家的伟大理想，可以变为实践，发挥它教化育人的作用。

文化非常重要。毛泽东说过："文化是不可少的，任何社会没有文化就建设不起来。封建社会有封建文化，封建文化是宣传封建主义的道理。资本主义社会也有资本主义的文化，资本主义社会如果没有文化，也没法建立起来。"① 毛泽东并不否定封建社会文化中的合理的东西。他以孔子的父慈子孝观为例说："我们还要提倡父慈子孝。……如果父亲把

① 《毛泽东文集》第 3 卷，人民出版社 1993 年版，第 110 页。

儿子打得一塌糊涂，儿子怎么能够孝呢？这是孔夫子的辩证法。”① 但文化并不是社会最终的决定因素。

中华传统文化的基本精神具有世代延续的价值。可是如果没有高度发达的先进生产力、先进的生产方式和先进的政治制度，传统文化是不能单独发挥作用的。没有硬实力的软实力是软弱的，没有很强的硬实力和具有渗透力的软实力相结合的所谓巧实力，其实并不“巧”，而是“拙”，中国鸦片战争以后百多年的民族屈辱史已证明了这一点。当时的孔子只能是孔庙中的圣人，当时的经典只能是藏书楼里的典籍。当年黑格尔十分轻视孔子的思想，说《论语》“里面所讲的是一种常识道德，这种常识道德我们在哪里都找得到，在哪一个民族都找得到，可能还要好些，这是些毫无出色之点的东西”。② 而当今世界对孔子则是一片赞扬，与黑格尔时代相比不可同日而语。这种变化是当代中国在世界上的经济和政治地位发生根本性变化的结果。

我们热爱自己的文化，尊重我们祖先的文化遗产。中国文化和中国传统文化不能画等号。中国文化包括传统文化和当代文化。中华民族传统文化和中华传统文化的基本精神也

---

① 《毛泽东文集》第 3 卷，人民出版社 1993 年版，第 115—116 页。

② 《中国印象——世界名人论中国文化》上册，广西师范大学出版社 2001 年版，第 194 页。

不能画等号。我们应当深入经典，走出经典，面对现代，放眼世界；要由我们的时代和实践来决定继承什么遗产和拒绝什么遗产，以及如何继承我们的文化遗产，而不应把当代作为传统的注脚。研究中华传统文化应该着重它的基本精神，通过过滤，取其精华，去其糟粕，并使之当代化、科学化；而且要在实践中贯彻中华民族文化的基本精神。这样，可以培育出既具有传统美德又具有时代精神的中国人，孕育出具有社会主义精神和爱国主义精神的新的杰出人物——社会主义时代“双百”式的英雄人物。如果离开有利于中国特色社会主义建设的目标，把继承传统文化与坚持马克思主义在意识形态中的指导地位对立起来，传统文化中积重难返的消极的东西就会沉渣泛起，而传统文化的基本精神也只能是供学者们抚掌赞叹和引用的经典文献中充满智慧的格言，这当然有悖于社会主义条件下倡导中国传统文化包括儒学之基本精神的真正目的。

第六讲

中华传统文化的当代价值

◇ 对西方资本主义国家的文化交流作用

◇ 对儒家文化圈国家和地区的道德教化作用

◇ 对社会主义中国加强精神文明建设的作用

中国社会主义建设的伟大成就，东亚儒家文化圈国家和地区的经济飞速发展，把以儒家为主体的中国传统文化推到世界文化舞台的前列。但是我们不赞同以“东方文化主导”论代替“西方文化中心”论。我以为，在不同的国家和地区，中国传统文化的作用是不同的，对此应该具体分析。

一、对西方资本主义国家的文化交流作用

在西方，资本主义化和现代化是同一过程。西方的现代化是通过资本主义方式实现的。资本主义社会大大推动了生产力的发展和科技进步，城市和农村、工业和农业已经或正在更加现代化。西方资本主义现代化的进程，对世界其他地区也发生不同的影响。由于资本扩张的特点，西方资本主义国家在把商品推向世界的过程中，也力图按照自己的面目来塑造世界。马克思和恩格斯说：“资产阶级，由于一切生产工具的迅速改进，由于交通的极其便利，把一切民族甚至最野

蛮的民族都卷到文明中来了。它的商品的低廉价格，是它用来摧毁一切万里长城、征服野蛮人最顽强的仇外心理的重炮。它迫使一切民族——如果它们不想灭亡的话——采用资产阶级的生产方式；它迫使它们在自己那里推行所谓的文明，即变成资产者。一句话，它按照自己的面貌为自己创造出一个世界。”①其实，资本主义现代化并没有把世界现代化，而是为自己创造了一些大大小小的殖民地和半殖民地。它在一定程度上影响了某些国家的历史进程，同时也为它们带来破坏和灾难。

不仅如此，在资本主义国家，各种矛盾和弊端日益恶化。早在 19 世纪马克思和恩格斯就看到了这个征兆。马克思在 1844 年的手稿中提出资本主义社会人的异化问题、提出以货币为中介的交换关系带来的价值观念的颠倒和道德的沦丧、过度消费带来的人的需要的非人化问题。《共产党宣言》在肯定资本主义的革命作用的同时，也讲到由于人与人的关系被淹没在赤裸裸的利害关系的冰水之中而带来的对一切神圣东西的亵渎，摘除了精神产品的光环。后来马克思在 1857—1858 年的手稿中又提出物质生产和精神生产发展的不平衡问题。恩格斯在《自然辩证法》中对资本主义制度下自然对人

① 《马克思恩格斯选集》第 1 卷，人民出版社 2012 年版，第 404 页。

的惩罚问题发出了黄牌警告。这些在 19 世纪以征兆出现的现象在 20 世纪特别是最后几十年变为痼疾。各种社会理论都应时而生。由经济发展论变为社会发展论，进而发展为可持续发展论；由现代化发展为后现代化、后工业社会等。特别是后现代主义对资本主义制度下各种矛盾的抨击更为猛烈。他们都各自在自己的眼界范围内发现并企图消除现代化的弊端。其中有些学者把目光转向东方，转向中国的传统文化特别是儒家文化，力图用儒家文化作为消除资本主义现代化弊端的良药。

站在西方资本主义现代化的立场，很容易把中国文化看成凝固保守的、阻碍现代化的文化，而站在所谓后现代化的立场上，往往注目于中国传统文化的宁静与和谐，把它看成后现代化的文化。西方现代化进程中出现的城市化使人们远离自然，家庭结构的松弛改变了人们的血缘纽带和人际关系，使人们渴望亲情和乡情；过度的欲望、对金钱的过度追求、过度的消费，使人们向往淡泊自尊；环境的恶化和都市的喧嚣，使人们倡导回归自然。西方某些学者们期望借助对中国传统文化特别是儒家伦理的引入，在高科技的高度现代化的工业社会上嫁接一个和谐淳厚的人际关系。如果说，后现代主义对资本主义的批评是破坏性的，则这种期待是挽救性的。这当然是一种幻想。从这种幻想中，人们看到了对资本主义现代化的矛盾和弊端引起的不满，看到了对中国传统文化的重新估价和新的期待。

企图通过中国传统文化来完全化解资本主义现代化的矛盾是不可能的。西方现代化中的问题是社会问题。以生态危机、价值观念和道德观念的危机、家庭结构的解体、性关系混乱以及各种各样的社会问题表现出的危机状态，不是简单的文化危机，而在于它的社会结构本身。没有任何一种外来文化能使西方摆脱现代化进程所陷入的困境。根本解决矛盾的手段和途径存在于资本主义社会自身。

但是从文化交流角度看，西方人瞩目中国传统文化是非常有意义的。尽管在历史上，中国的四大发明如罗盘针、火药、造纸和印刷术对西方资本主义社会产生过重大影响，可在西方资本主义现代化的过程中，西方文化对中国的影响，远远超出中国文化对西方的影响。这种交流是在战争、资本和商品的输出、文化侵略的背景下进行的。当然这不包括中国先进知识分子主动向西方学习先进科学和社会理论。现在情况不同。中国以一个独立的主权国家，以平等互利的原则进行文化交流。我们吸取西方优秀文化成果，同时向西方国家宣传中国传统文化的精华，达到文化交流的目的。当然即使在现在，西方文化对中国的影响仍然超过中国文化对西方的影响。西方文化深入到了中国社会特别是年轻一代的思想和生活方式中，而中国传统文化对西方的影响仍限于少数汉学家或知识分子的范围。而且要注意的是西方某些政治家们力图通过文化交流达到使中国“西化”即资本主义化的目的，这是我们应该提防的。西方有的理论家鼓吹“文化冲突”论，对中国文化的复兴怀着某种恐惧和不满，实际上仍然是以另一种方式坚持“西方中心”论。我们要向西方介绍中国传统文化，加强文化交流。随着中国在世界上经济和政治地位的变化，中国文化必然发挥越来越大的作用，改变历来文化交流中西重东轻的情况。传统的中国文化将会再度辉煌，以新的姿态出现在世界上。这是中国这个文化古国对人类应有的贡献。

二、对儒家文化圈国家和地区的道德教化作用

如果说，就东西方交往而言，中国传统文化发挥的是文化交流作用，那么，对于东亚儒家文化圈的国家和地区则不同，它深入社会、进入政策，成为对人民进行道德教化的内容。

当然，中国传统文化中的儒家伦理并不是东亚经济起飞的主要原因。“儒家资本主义”的提法作为对韦伯轻视东方文化特别是儒家文化、抬高西方文化的反击是有一定意义

的，但并不科学。儒家学说存在已两千多年，资本主义在西方已经数百年，而东亚的经济起飞是最近几十年的事，显然不能把东亚经济的发展归之于儒家学说。东亚经济发展的原因很复杂，而第二次世界大战以后形成的经济和政治态势有利于东亚经济的发展是一个重要方面。

儒家学说对东亚的经济发展有积极意义。因为东亚是在西方发达资本主义充分暴露它的单纯经济发展模式的局限时起飞的，西方的价值观念的危机和道德沦丧使它们力图避免重蹈覆辙，比较成功地应用儒家学说对市场经济下个人主义导向一定程度的抑制、对血缘关系的亲近和家庭道德的巩固、对人际关系的和谐、对物质欲望无止境的追求的遏制等作用，形成有利于经济发展的较好的文化和道德氛围。以新加坡为例。新加坡 1954 年自治，1963 年与马来西亚组成联邦，1965 年与马来西亚分离获得独立。经过近二十年努力发展，经济成就卓著。可在经济发展同时，道德水平明显下降。年轻人追求西方的生活方式和价值观念，个人主义、拜金主义思潮流行，引起人们的注意。20 世纪 80 年代初，新加坡大力提倡儒家伦理文化，并把儒家思想提升为国家意识，作为治国之纲，通过政府命令措施在学校进行儒家道德教育。经过努力，使社会风气有很大改变。日本和韩国也都注意在社会、家庭和企业中，推行儒家伦理中的一些规范来化解现代化所引起的矛盾和问题，取得了较好的效果。

当然，新加坡、日本、韩国并不是仅仅依靠儒家伦理，它们同时重视法制。邓小平说："新加坡的社会秩序算是好的，他们管得严，我们应当借鉴他们的经验，而且比他们管得更好。"还说："在整个改革开放过程中都要反对腐败。……还是要靠法制，搞法制靠得住些。"①

东亚地区的现代化仍然是资本主义现代化，不过是有东亚特点的资本主义现代化。这个特点就是它的价值观念和道德规范具有中国传统文化中的儒家特色。可资本主义现代化由于它自身的本性，它的道德状况不可能是田园牧歌式的理想状态。因为以私有制为基础的现代化，是以巩固和发展私有制为目的的。私人利益的驱动是这种现代化的内在动力，它不可避免地会滋长个人主义、拜金主义。恩格斯说过："在利益仍然保持着彻头彻尾的主观性和纯粹的利己性的时候，把利益提升为人类的纽带，就必然会造成普遍的分散状态，必然会使人们只管自己，彼此隔绝，使人类变成一堆互相排斥的原子。"② 在东亚一些经济发达国家和地区，也面临许多社会问题包括年轻一代的社会道德和家庭道德的困扰问题。因此在这些国家和地区保持自

① 《邓小平文选》第 3 卷，人民出版社 1993 年版，第 378、379 页。

② 《马克思恩格斯全集》第 1 卷，人民出版社 1956 年版，第 663 页。

己的文化传统，维护传统的儒家的价值观念和道德观念与抵制西化的影响，同样是它们需要解决的问题。在私有制基础上的现代化，通过政府的行政行为，究竟能在何种程度上维护儒家学说的道德教化作用，仍然是个非常艰巨的任务。

三、对社会主义中国加强精神文明建设的作用

中国传统文化的当代价值，最主要的是对我们自己的价值。中国人民创造了自己的文化，这种文化传统又哺育了一代又一代的中国人民。在历史上，我们有过汉唐盛世，但也有近百年的屈辱史。这不能归罪于中国的文化，而是由于经济的落后和政治的腐败造成的。现在的中国情况与历史上的中国迥然不同。从来没有一个历史时代如此有条件认同并发扬改造中国传统文化。

中国传统文化是个复合体，不是儒家一家。讲哲学当推道家，讲逻辑当推墨家，讲战争当推兵家，讲种田当推农家，讲法治当推法家，当然，讲伦理道德首推儒家。党的二十大报告指出："发展社会主义先进文化，弘扬革命文化，传承中华优秀传统文化，满足人民日益增长的精神文化要求"。而要做到这一点，必须充分认识传统文化的作用：

（一）有利于马克思主义的中国化

社会主义精神文明建设的核心是思想建设。而思想建设的根本是坚持马克思列宁主义、毛泽东思想、邓小平理论、“三个代表”重要思想、科学发展观、习近平新时代中国特色社会主义思想，用社会主义原则和共产主义理想教育人民。

马克思主义是一种国际性学说，它是放之四海而皆准的普遍真理。可马克思主义要发挥它的指导作用必须与各国的实际相结合。马克思主义要在中国生根并发挥它的作用必须中国化，即要与中国的具体实际相结合，与中国传统文化相结合。以毛泽东为代表的中国马克思主义者在民主革命与社会主义建设初期极其卓越地坚持了这个方针。毛泽东的许多著作，特别是《矛盾论》《实践论》《关于正确处理人民内部矛盾问题》《论十大关系》等一大批著作都是马克思主义中国化的榜样，其中包括许多中国传统文化的智慧结晶。

改革开放以来，邓小平多次强调马克思主义中国化问题。他说：“我们历来主张世界各国共产党根据自己的特点去继承和发展马克思主义，离开自己国家的实际谈马克思主义，没有意义。”① 他还说：“马克思、恩格斯创立了辩证唯物

① 《邓小平文选》第 3 卷，人民出版社 1993 年版，第 191 页。

主义和历史唯物主义的思想路线，毛泽东同志用中国语言概括为‘实事求是’四个大字。”[①] 邓小平理论是新时期马克思主义与中国实际相结合的典范。

在精神文明建设中，中国传统文化对马克思主义中国化的作用尤其重要。因为精神文明的问题离不开传统文化，它不可能从虚无中产生出来，我们不能无视文化发展的历史连续性。马克思主义与中国传统文化相结合的根本之点，是用马克思主义的立场、观点、方法来分析传统文化，取其精华，去其糟粕，来一番改造制作的科学研究工作。这并没有取消或代替中国传统文化。一个民族的文化是不可能取消的，它是历史的既成事实，不仅保存在各种经典传世之作中，而且积淀于当代现实人的价值观念、思维方式和生活方式之中。但是我们完全可以站在当代人的角度，在新的制度下，用新的观点重新审视传统文化，从中吸取能够加深理解阐述发挥和丰富马克思主义的东西。马克思主义直接来源于德英法的哲学、经济学和社会主义思想的优秀成果。但中国的马克思主义者不能固守马克思主义创始者的思想来源，必须结合本民族的文化传统。中国古代哲学中，同样包含丰富的唯物主义和辩证法思想、包含无神论思想。中国的马克思

① 《邓小平文选》第2卷，人民出版社1994年版，第278页。

主义哲学家应该熟悉和掌握它，才可能使马克思主义哲学变为中国化的东西，既证明马克思主义原则的普遍性又丰富它并使之具有中国特色。同样，一个马克思主义政治家完全可以用马克思主义观点来汲取诸如“治大国如烹小鲜”“民为贵，君为轻，社稷次之”“水可载舟，亦可覆舟”等思想，从中得到教益。

马克思主义中国化与中国传统文化现代化可以看作是同一过程的两个方面。马克思主义不通过结合中国传统文化中的优秀精华难以中国化，而中国传统文化固守传统，拒绝接受用马克思主义的立场观点方法来进行研究发掘就不可能现代化。中国传统文化的现代化决不是消灭传统，而是站在当代用马克思主义的方法对传统文化进行再思考，在新的社会主义条件下延伸传统、更新传统、丰富传统。

（二）有利于社会主义文化建设

从社会结构角度看，文化是社会结构中的观念形态的层面。它与一定社会的经济结构、政治结构相结合，形成现实的具体的社会。毛泽东说：“一定的文化（当作观念形态的文化）是一定社会的政治和经济的反映，又给予伟大影响和作用于一定社会的政治和经济；而经济是基础，政治则是经济的集中的表现。这是我们对于文化和政治、经济的关系及政治和经济的关系的基本观点。”① 因此文化的形态具有社会特性，有封建社会的文化、资本主义社会的文化。我们的社会是社会主义社会，我们要建立的文化是社会主义文化。这种文化，是以马克思主义为指导、充分吸取中国传统文化和西方文化的优秀成果，与社会主义的经济制度和政治制度相适应的文化形态。因此在建立社会主义文化过程中的一个至关重要的问题，就是正确处理马（马克思主义）、中（中国传统文化）、西（西方文化）的关系问题。自“五四”以后马克思主义开始传入中国起，就一直存在马、中、西之争。西化论者鼓吹全盘西化，本土文化论者鼓吹坚持中国固有文化，而马克思主义者提倡以马克思主义作为观察中国问题的基本理论和方法。这种以文化形态选择形式出现的争论，本质上是关于中国向何处去，关于中国社会发展道路的争论。应该说，1949 年中国人民革命的伟大胜利，从理论和实践上对这个问题做了总结。

可历史是复杂的。中国人民革命的伟大胜利只是使这个争论暂时沉寂，而没有为这个争论永远画上句号。只要有适宜的土壤，争论之火就会一再燃起。从 20 世纪 80 年代的文化热到 90 年代的文化热的第二次悄悄升温，其中一个根本

① 《毛泽东选集》第 2 卷，人民出版社 1991 年版，第 663—664 页。

分歧，就是马、中、西之争。许多学者的看法是正确的，但有少数人的观点是片面的，或鼓吹全盘西化、或鼓吹文化本土化。它们之间也有分歧，但在排斥马克思主义指导这一点上倒是共同的。

一百多年来关于文化争论的一个理论误区，就是把文化争论归结为体用之争。中体西用、西体中用、西体西用、中体中用，还有什么中国为体、全球为用，众说纷纭，莫衷一是。把文化选择的争论归结为体用之争，注定是旷日持久的。因为用是个不确定的概念。毛泽东也说过洋为中用、古为今用，在某种特定的范围内这个提法完全正确。可文化选择中的体用之争，不是个单纯用的问题，而是关于社会形态的问题。每个社会作为某一类型的社会形态的存在方式，都有自己的经济基础和上层建筑。这种上层建筑，即它的政治制度和相应的文化形态，是由经济基础的性质和所在国家的传统决定的，而不是任意搭配的。如果不从社会结构角度来看文化形态，而单纯地讨论文化形态自身的选择，只能转变为体用搭配的游戏。

在我们国家讨论文化建设的一个最基本出发点，就是我们的社会性质。我们是社会主义国家，我们建设的是有中国特色的社会主义文化。这就决定了我们的文化，无可选择地必须是以马克思主义为指导的社会主义文化。否则就不能说是社会主义的。

在社会主义文化建设中，当然要吸取西方文化中的优秀成果。特别是在当今世界，闭关锁国只能脱离世界文明发展的大道，落后于世界历史发展进程。但我们是社会主义国家，我们决不能走全盘西化的路。特别是在文化交流中必须严防西化。邓小平说："我们要向资本主义发达国家学习先进的科学、技术、经营管理方法以及其他一切对我们有益的知识和文化，闭关自守、故步自封是愚蠢的。但是，属于文化领域的东西，一定要用马克思主义对它们的思想内容和表现方法进行分析、鉴别和批判。"①

更加重要的是，在社会主义文化建设中我们要善于继承和发扬我们的传统文化。这是我们的优势。我们是文明古国，我们有许多宝贵的文化遗产。社会主义文化不是从天上掉下来的，列宁在批判俄国的无产阶级文化派时已把这个道理讲得非常清楚。在这个问题上，我们曾犯过"左"的错误，否定自己的文化传统。可当前也存在另一种值得注意的现象，就是鼓吹文化本土化，把马克思主义说成是外来文化加以排斥。或者说马克思主义是西方文化，以反对"全盘西化"为由来排斥马克思主义指导。这些说法都是错误的。

---

① 《邓小平文选》第 3 卷，人民出版社 1993 年版，第 44 页。

马克思主义对中国来说不是单纯的外来文化。马克思主义作为世界无产阶级的理论是一种具有国际意义的学说。马克思和恩格斯是德国人，但马克思主义并不是仅属于德国人的德意志文化。它属于全世界的无产阶级和进步人民，因为它所揭示的是人类社会发展的普遍规律，是放之四海而皆准的普遍真理。为全世界和人类美好未来而指明道路的学说应该是人类共同的财富，并不能因为它开始产生于别的国家或民族而加以拒绝。我们是把马克思主义作为共产党人的世界观和观察世界、改造世界的基本理论与方法来接受的，而不是把它作为德国人的文化形态来接受的。更加重要的是，对中国人而言，马克思主义就包括中国人自己的创造和发展，例如毛泽东思想、邓小平理论、“三个代表”重要思想、科学发展观、习近平新时代中国特色社会主义思想。这已经是中国化的马克思主义，其本身就应该是中国当代文化最重要的组成部分，是它的核心和灵魂，怎么能说马克思主义是外来文化而予以排斥呢？至于说，马克思主义是西方文化，以马克思主义为指导就是全盘西化，这种说法不值一驳。事实恰好相反，正因为中国共产党人以马克思主义为指导，坚持辩证唯物主义和历史唯物主义的世界观和方法论，才能深刻批驳全盘西化的理论，懂得要实事求是走中国人自己的道路，建设中国特色的社会主义。只要坚持以马克思主义为指导，就永远不会走全盘西化的道路。马克思主义是批判和防止全盘西化的最有力武器。

当然，社会主义文化的建立，必须继承中国传统文化其中包括“五四”以来的中国革命的传统。离开中国文化就不是中国的社会主义文化。可是文化传统不是凝固不变的雕像，而是不断更新的水流。因此传统和反传统是文化发展中的规律性现象。每一个民族都有自己的传统。有历史就有传统，因为传统就是历史的继续和延伸。但传统不仅是历史，不仅是历史的遗产，而是继续存在于现实之中。因此传统具有双重特性，它的积极方面是现实进一步发展的基础，而它的消极方面是现实发展肩负的重担。人类要发展必须以每个时代的社会进步为尺度重新审视传统。所以在历史变革的激烈时期，它在对待传统的问题上往往表现为反传统。例如中国的“五四”运动对传统的激烈态度，就是任何一种革命变革风暴来临时对待传统的规律性现象。但“五四”反对的并不是中国传统文化或以孔子为代表的儒家文化的全部，其矛头主要指向的是儒家文化中的纲常名教。其中可能出现某种片面性，但这种片面性比起卫道者捍卫旧制度旧道德的片面性要全面得多。当革命胜利以后，掌握了政权的人民有条件有力量重新审视传统，以便确立自己与新制度相适应的文化形态。这不是对以往传统的全部肯定，不是对以往批判的批判。在批判与继承之间找到合理的结合点是不容易的，往往会经过摆来摆去甚至完全歪到一面才最终从自己的错误中醒悟过来。这是进步的代价。

在社会主义文化建设中，文化保守主义的观点是不对的。整个社会发生变革，经济政治制度发生变革，而文化仍固守传统是不可能的。文化不是可以不受经济政治制度制约的独立领域。为什么明代中叶西学东渐之后，中国传统文化并没有现代化也不可能现代化，原因并不是中国文化的保守性和凝固性，而是因为中国的社会结构没有变化。西方有的理论家为资本主义开了一个药方，认为经济上可以搞社会主义，即实行公平原则。政治上搞资本主义，即实行资产阶级的自由民主制度，而文化上实行文化保守主义，即保持以往的价值观念和伦理规范。他们把社会看成玩积木般地可以任意建构。这种观点是违背历史和现实的，从来没有一个社会的经济、政治、文化可以是无内在本质关系的三分结构。在我们的社会里，文化保守主义口号的实质并不在文化，而是在文化保守主义口号下对中国近百年的人民革命斗争特别是中国共产党领导的民主革命和社会主义革命的否定。事实证明，文化是社会结构中的一个层面。文化的选择与社会制度的选择是不可分的。要坚持和建设社会主义，必须建立社会主义文化。而要使中国的社会主义文化具有中国特色，必须继承中华优秀传统文化；而要保持社会主义性质，必须坚持以马克思列宁主义、毛泽东思想、邓小平理论、“三个代表”重要思想、科学发展观、习近平新时代中国特色社会主义思想为指导。这二者是不可分离的。

（三）有利于社会主义道德建设

对于现代化，道德建设是非常重要的。我们有西方资本主义现代化过程中价值观念危机和道德沦丧、人与人关系异化的前车之鉴；有东亚地区利用儒家文化进行道德教化遏制西方价值观念的某些可供借鉴的经验；还有我们自己改革开放 40 多年来的成就和问题的经验与教训。2019 年，中共中央、国务院印发《新时代公民道德建设实施纲要》，对公民道德建设提出更高要求，强调“全面推进社会公德、职业道德、家庭美德、个人品德建设，持续强化教育引导、实践养成、制度保障，不断提升公民道德素质，促进人的全面发展，培养和造就担当民族复兴大任的时代新人”。

我们正在进行的是中国式现代化，我们不再重复资本主义现代化进程的严重价值观念与道德的危机是完全可能的。中国式现代化的社会主义性质是不能忽视的。习近平总书记在党的二十大报告中说道：“中国式现代化，是中国共产党领导的社会主义现代化，既有各国现代化的共同特征，更有基于自己国情的中国特色。”①

但我们是处在当代世界进程中的现代化。我们要通过市场经济这种经济运行体制来实现现代化。尽管我们实行的是社会主义市场经济，它有利于人们的自立意识、竞争意识、效率意识、民主法制意识和开拓精神，可市场固有的弱点和消极方面也会导致资本主义现代化进程中的某些现象的滋生。这就使得社会主义精神文明建设问题、社会主义道德教育问题尤为重要。这不仅是保证和支持物质文明建设的问题，而是关系到物质文明建设的根本方向、社会主义事业成败得失的重大问题。

我们建设的是社会主义道德。以为人民服务为核心，以集体主义为原则的社会主义道德，在中国共产党领导的长期革命斗争中已经逐步形成。但真正围绕这个原则，发展为包括“五爱”“三德”在内的社会主义道德，并成为对全体人民的道德要求，只有建立了社会主义制度以后才有可能。但这些道德的形成和培养，同样能够而且必须从中国传统文化特别是儒家伦理道德中吸取营养。中国传统道德是以儒家伦

① 习近平：《高举中国特色社会主义伟大旗帜　为全面建设社会主义现代化国家而团结奋斗——在中国共产党第二十次全国代表大会上的报告》，人民出版社 2022 年版，第 22 页。

理为主导的道德。这是以宗法血缘关系为基础的包括道德理想、道德规范和道德修养在内的伦理体系。为什么这种道德在失去了它的经济和政治基础之后，在我们社会主义社会中仍保留其价值，并日益受到重视呢？这里一个重大理论问题就是道德的相对性和绝对性的问题。随着社会结构的变化，人们的道德观念也会发生变化。永恒不变的道德观念是不存在的。但是在道德观念的变化中，仍然有某种稳定的对人们行为具有制约性的普遍因素。这种普遍性的根据并不是抽象的永恒不变的人性，而是人的社会性。任何一个社会，不管社会形态如何不同，都是个人与社会的统一体，都存在一些相同的关系，如家庭结构中的血亲关系和夫妻关系，人际关系中的朋友关系、邻里关系，以及个人与社会、与国家、与民族的关系。如何处理这些关系，因各个社会与文化背景的不同会存在某些差异，但都会存在某些共同的东西，这就是把爱自己的父母子女、珍惜夫妻情感、重视友情、服务社会、热爱祖国和自己的民族，视为高尚道德。这是人作为社会存在物的共同要求。因此在变化的、历史的、具体的道德观念和规范中，可以有为各时期的人认同的、作为优秀传统代代相承的因素。道德观念中的绝对主义和相对主义都是片面的。

道德观念中的相对主义实际上是非道德主义，是道德虚无主义。如果说损人利己对资产者来说是一种道德的话，那有什么行为是不道德的呢？如果说杀人越货对强盗来说是道德的，入室偷窃对小偷来说是道德的，吸毒、嫖娼，总之一切最坏的行为都可以被当事者认为是道德的，这样一来还有什么道德不道德的问题呢？

道德是关系到人如何处理个人与他人的关系的问题。人与自然的关系之所以被纳入道德范围来考虑，是因为对自然的破坏实际上是对所有人的利益的损害。这是生态伦理学能成立的根据。正因为道德是调整人与人的关系的规范，因而道德按其本性来说不仅有利于维护自己正当的个人利益，更重要的是它具有理想性、自我约束性和利人的特性。道德包含理想，如果道德极端务实，不包含任何超越现实的因素那就不是道德而是规则；道德是自我约束的力量，它规范自己的行为而不是放纵自我；道德这种社会现象的出现有利于社会稳定，有利于人际关系的调整，道德包含某些在必要时自我牺牲的因素。我们不主张片面的利他主义，但道德中包含利他成分是不能否定的。绝对的利己主义不可能是道德的。以自我为中心，把对我有利的都说成是道德的，就必然导致混淆道德与非道德的界线，导致道德虚无主义与非道德主义。

儒家道德的特点是富于理想主义、人文主义和理性主义精神。儒家道德是理想主义的，它追求自我完善，力图通过道德塑造理想人格。孔子说："三军可夺帅也，匹夫不可夺志也"，"岁寒，然后知松柏之后凋也"。孟子也说："富贵不能淫，贫贱不能移，威武不能屈，此之谓大丈夫。"儒家非常重视气节、人格。孔子说："志士仁人，无求生以害仁，有杀身以成仁。"孟子说："生，我所欲也；义，亦我所欲也。二者不可得兼，舍生而取义者也。"儒家提倡："仁者爱人"，"泛爱众，而亲仁"，提倡子女孝顺父母，"今之孝者，是谓能养。至于犬马，皆能有养；不敬，何以别乎？"儒家最理想的人际关系，是父慈、子孝、兄友、弟恭。儒家强调人的社会责任，积极入世：修身、齐家、治国、平天下；倡导"先天下之忧而忧，后天下之乐而乐"。在个人与家庭、个人与国家、个人与社会的关系上，儒家提倡的是群体意识。儒家非常重视个人的道德修养，提倡"为仁由己"，"仁远乎哉？我欲仁，斯仁至矣"。主张"见贤思齐"，"见不贤而内自省"，要求人们"吾日三省吾身"。儒家注重个人的内在修养以达到道德的完善，这表明他们把人看成是可以改变的，关键在于加强个人的道德修养。中国传统道德之所以具有当代价值，根本原因在于它的优秀成果与我们力图达到的建设中国特色社会主义的目的是符合的、相容的。

中华民族的传统道德，其中特别是儒家道德，长期以来影响中国人民的生活方式和思维方式、价值观念和道德观念。它在一定程度上是中国人民，包括散居在世界各地的炎黄子孙彼此认同的思想文化纽带。道德观念一致是情感的重要方面。弘扬我们道德中的优秀传统，有利于增强中华民族的凝聚力和爱国主义的感情。

弘扬中华民族优秀道德有利于社会稳定和人际关系的和谐。我们的社会仍然存在矛盾，特别是各种各样的人民内部矛盾。由计划经济向市场经济转变的过程中，各种利益集团的出现和激烈的竞争，以及某种程度的分配不公，使人与人的关系存在某种紧张。许多问题的正确解决当然要靠深入改革、加强立法，但道德调整也是一个很重要的方面。我们应该弘扬传统道德中的“和为贵”的原则，以调节和削弱竞争中出现的人际关系的紧张；应该弘扬传统中的尊重他人、尊重群体的观念，正确处理个人和集体的关系。

在市场中，利益是一种驱动力。但不正当的逐利行为可以败坏个人道德。因此，在市场活动中，加强个人道德修养是一个重要问题。儒家道德中的理想主义，代表的是一种追求，一种激励，一种对自我的超越。它的处世原则中的积极成分，对于在市场下过分个人化、实利化、世俗化的价值取向，可以起到一种自我调节、自我化解的作用。在社会主义思想道德文化的建设中，批判地继承中国文化尤其是儒家道德伦理中的积极因素是完全必要的。

我们不赞同后现代化理论。儒家文化并不是后现代工业社会的意识形态，也不是治疗资本主义现代化的良药。但是作为前资本主义社会道德的儒家伦理观念，是以人对人的依赖关系为内容的，它包含着某些对以物为中介的人与人关系的道德观念的超越。这种超越人与人的物的关系的内容，可以在新的条件下以新的观点进行重建。因此我们重视中国传统文化特别是儒家文化对中国以至对世界的价值，批判地继承这份珍贵的人类文化遗产，并发扬光大。完成这个历史的重任，是正在建设中国特色社会主义的中国人民对世界文化的新贡献。

第七讲

中华优秀传统文化的创造性转化和创新性发展

◇ 文化自信与“西方中心论”

◇ 中华优秀传统文化需要创造性转化和创新性发展

◇ 中华优秀传统文化如何与市场经济相适应

◇ 中华优秀传统文化要实现大众化

党的十八大以来，习近平总书记对中国文化做了许多重要论述。我认为其中两点非常重要：一个是关于文化自信问题，习近平总书记指出，“文化自信，是更基础、更广泛、更深厚的自信”；另一个是关于中华优秀传统文化的创造性转化和创新性发展问题。这两个问题是相互联系的。如果没有文化自信，不能正确认识自己的文化特别是传统文化的丰富内涵和生命力，就不可能有信心进行创造性转化。反之，如果不进行创造性转化和创新性发展，固守传统，止步不前，就会丧失对中国文化的自信。

一、文化自信与“西方中心论”

在西方资本主义兴起后，“西方中心论”一直处于主导地位，文化领域中的“西方中心论”表现为“西方文化优越论”。鸦片战争以后，中国清政府丧权辱国、割地赔款，一些人在失去民族自信力的同时，也丧失了文化自信心。一种博大精深的文化传统被视为“酱缸文化”。近代中国人绝大多数是文盲，很容易形成人心如散沙、国民性被扭曲的局面。而种种社会不良现象是由于落后的生产方式和腐朽的政治制度造成的，不能归罪于中国的文化。如果把解放以前的种种社会问题都算在中国传统文化的账上，肯定会丧失文化自信。我们是历史唯物主义者，而不是“文化决定论”者。

中国共产党领导的中国革命胜利以后，中华民族获得解放。这不仅大大激发了人民的民族自豪感，也大大增强了文化自信和文化自觉。中国不仅有源远流长、博大精深的优秀传统文化，还有中国共产党和人民在伟大斗争中孕育的革命文化和社会主义时期建设的先进文化。我们完全有理由自信，而且应该懂得文化自信不单纯是文化问题，还关系到国家前途和民族复兴。习近平总书记在哲学社会科学工作座谈会上谈道：“一个抛弃了或者背叛了自己历史文化的民族，不仅不可能发展起来，而且很可能上演一场历史悲剧。”① 虽然当代世界经济全球化面临重重困难，如遇到发达国家贸易保护主义的阻力，但是由于世界经济交往联系的强化，经济全球化的趋势难以遏制。马克思早就预言过：“资产阶级历史时期负有为新世界创造物质基础的使命：一方面要造成以

① 习近平：《在哲学社会科学工作座谈会上的讲话》，人民出版社 2016 年版，第 17 页。

全人类互相依赖为基础的普遍交往，以及进行这种交往的工具；另一方面要发展人的生产力，把物质生产变成对自然力的科学支配。资产阶级的工业和商业正为新世界创造这些物质条件，正像地质变革创造了地球表层一样。”①

发展中国家的不断兴起尤其是中国的和平发展，已经极大地打击了西方发达国家的优越感。世界经济全球化、政治多极化和民族文化多元化的潮流是不可阻止的，西方并没有放弃“西方中心论”的观点，并没有改变“西方文化优越论”的观点。在世界文化交流中，西方国家的强势文化占优势，借助它们的经济实力、科技力量推行它们的价值观和承载西方政治价值观的文化渗透。我们可以看到，在对外文化交流方面，美国往往奉行文化霸权主义。现有美国的文化政策之所以被一些学者批评为“新帝国主义”，就是因为它们贬低其他民族的文化，以种种手段推行西方的价值观念和人权观念。在我看来，曾经风靡全球的“文明冲突论”就是一种代表西方世界的文明理论，是一种以文明冲突为依托的政治理论。

“物之不齐，物之情也。”文化也一样。各国文明或文化的多元性是文化的本质，它们之间有差异，但也可以相

---

① 《马克思恩格斯选集》第 1 卷，人民出版社 2012 年版，第 862 页。

互平等交流和借鉴。如果没有西方某些大国别有用心的干预和支持，单纯的民族文化差异并不会成为战争的原因。经济和政治利益冲突是导致矛盾加剧的原因。经济矛盾和政治矛盾是根本的，而文化差异只能算是诱因或催化剂。只要看看目前中东的乱局，看看大国在中东的博弈，就能懂得问题的实质。“文明冲突论”是一种掩盖西方干涉理论的理论，并不是孤立出现的理论问题。书中把矛头主要指向伊斯兰国家和中国，说“伊斯兰国家和中国拥有与西方极为不同的伟大文化传统，并自认为其传统远较西方优越。在与西方的关系中，随着其权利和自我伸张性的增强，它们与西方在价值观念和利益方面的冲突会日益增多和加剧”。作者还断言，“一个在文化、政治和经济上与美国紧密联系在一起的松散的欧洲联盟，不会对美国的安全构成威胁，但一个统一的、强大的和自我伸张的中国可能构成这种威胁。……如果中国的经济继续发展，可能是21世纪初美国政策制定者面临的唯一严峻的安全问题”。在当代美国文化观念中，“普世价值论”“文明冲突论”“历史终结论”说到底就是“西方中心论”和“西方文化优越论”。

我们承认世界文明的多样性，这是自从地球上有人类以来的事实。随着世界历史的发展，各个不同地区的民族的人民创造出更加绚丽多彩的文明形态。这是世界历史的进步。

没有文化的多样性，世界将显得贫乏与停滞。我们对自己的文化有着高度自信，尊重我们的优秀传统文化、革命文化与社会主义先进文化，但我们的文化自信决不是排外主义、不是民粹主义。我们尊重世界文化的多样性。我们的“文化自信”与“文化他信”是统一的。自古以来，我们就重视其他民族的文化成就，善于吸收其他民族的文化成果，以丰富自己民族的文化。在当代，文化的正常交流，有利于世界文化的丰富和发展。我们反对文化霸权主义和文化殖民主义，反对“西方文化中心论”，也反对我们中的某些人至今仍然存在的文化自卑情结。

二、中华优秀传统文化需要创造性转化和创新性发展

我们国家有几千年经过历史考验的文化积淀，有经过近百年的民族斗争经验和鲜血凝结的革命文化和社会主义先进文化。这种传统文化、革命文化和社会主义文化三位一体，不断丰富没有断流的文化，在世界文化史上，应该说是独一无二的。我们完全有理由自信自豪。

我们当然尊重和爱护我们党领导下创造的革命文化和社会主义文化，同样，我们也尊重与爱护中华优秀传统文化，这是先人留给我们的宝贵精神财富，但我们并不是尊

古而非今的文化复古主义者。习近平总书记提出对中华优秀传统文化进行创造性转化和创新性发展，是对毛泽东同志在民主革命时代提出的对待传统文化“取其精华，去其糟粕”的发展，是新时代的新要求。文化是社会的精神的形态。社会的变动，必然导致文化的变动。如五四新文化运动提出大力汲取近代西方文化的养分，改良中国文化，却也对中国传统文化造成了一些冲击，那个时代还提不出传统文化的创造性转化问题。毛泽东同志高度肯定五四新文化运动是“自有中国历史以来，还没有过这样伟大而彻底的文化革命”①。但同时从思维方法的角度指出：“所谓坏就是绝对的坏，一切皆坏；所谓好就是绝对的好，一切皆好。这种形式主义地看问题的方法，就影响了后来这个运动的发展。”② 尽管中国传统文化中的确存在精华与糟粕之分，但中国共产党人，从毛泽东同志到习近平总书记，都称赞“中国传统文化博大精深”，并进而提出了传统文化的创造性转化问题。按照历史唯物主义关于文化的观点，一个民族的文化是一个整体，有源与流。中国传统文化是社会主义文化之源。没有源，河流必然干涸，必然断流。中国文化的特点就是源远流长，具有持久性和不间断性。但

① 《毛泽东选集》第 2 卷，人民出版社 1991 年版，第 700 页。

② 《毛泽东选集》第 3 卷，人民出版社 1991 年版，第 832 页。

这绝不是说，我们可以原封不动地保持中国传统文化。中华优秀传统文化的创造性转化，是科学对待中国文化的马克思主义命题。

为什么习近平总书记在高度称赞中华优秀传统文化的同时，强调创造性转化和创新性发展呢？这是一种历史唯物主义的文化观。文化不是独立存在的。它与一个社会的经济制度、政治制度构成一个社会结构整体，处于相互联系之中。在漫长的中国封建社会中，中国传统文化如此发达，因其有发达的农业经济作为经济基础，又有中央集权的郡县制作为政治支撑。因此，作为反映高度发达的中国封建社会的经济和政治的观念形态的文化，同样处于高度发展之中。可是，文化与经济制度和政治制度又不同，具有很强的相对独立性。封建时代的文化并不等于封建主义文化，它不会因为社会经济制度和政治制度的变化而断流。作为人类精神活动创造的成果，文化的基本精神可以包括超越时代的文化基因和文化价值。

在当代中国社会，我们需要创造与社会主义经济制度、政治制度相适应的文化形态，不可能原封不动地全盘保留建立在封建社会经济基础和政治基础上产生的文化形态，这就必然要经过创造性转化和创新性发展，使中华民族最基本的文化基因与当代文化相适应，与新的时代相适应，与社会主义制度相适应，创造出当代社会主义的先进文化。要做到创造性转化和创新性发展，归纳起来主要有三条：一是分辨，区分精华与糟粕；二是激活，通过与时代结合对传统文化作出与时代相适应的新的诠释；三是创新，接续中华民族文化优秀基因推进社会主义文化建设，提出新的概念、新的观点。

从主导观念来说，在不同的社会处于上层建筑领域中的主导观念是不同的，有处于率领地位的不同的指导思想。如果说，在长期的封建社会中，儒家学说作为一种政治学说，处于主导地位，成为中国传统文化的核心的话，那么，在社会主义中国，儒家学说不可能再保有像以往封建社会那样作为“帝王师”、作为“素王”的功能和作用，而是作为构筑当代思想文化有重大价值的文化资源而继续发挥其作用。

建设中国特色社会主义的指导思想只能是马克思列宁主义、毛泽东思想、邓小平理论、“三个代表”重要思想、科学发展观、习近平新时代中国特色社会主义思想，而不是儒家思想。因此，中华优秀传统文化必须经过创造性转化。我们要正确处理马克思主义与中国传统文化的关系。用一句话概括就是：马克思主义不能取代也不能弱化中国传统文化，如果这样，就不是中国特色社会主义；反之，如果不以马克思主义为指导就不是社会主义，也不可能建设社会主义。看看苏联就知道，放弃马克思主义指导就是社会主义制度的灭亡，其意识形态领域卷土重来的就是旧俄罗斯的宗教思想和否定社会主义历史的历史虚无主义和西方价值观。

三、中华优秀传统文化如何与市场经济相适应

要使中华优秀传统文化成为推动社会主义市场经济和调整社会主义市场经济条件下人与人关系的价值观念和道德规范，必须进行创造性转化。这种转变的社会背景是由熟人社会到陌生人社会，由重义轻利到追求经济利益的社会，由以信义为纽带到以货币为纽带的社会，由以道德为纽带到以契约为纽带的社会。

从历史发展来看，东方和西方都是如此。在西方资本主义社会，面对这些问题，他们求助于宗教，把肉体交给市场，尽情消费；把灵魂交给上帝，虔诚忏悔。灵魂与肉体的分裂，往往导致社会焦虑，只有把灵魂交给上帝来补救。在市场经济条件下，我们某些人群中也出现了这种情况，也有不少人过着把肉体交给市场、把灵魂交给寺院的双重生活。信教属信仰自由，我们没有什么可说的，但从文化建设和道德建设、从践行和培育社会主义核心价值观来说，须从理论

上解答一个问题，就是如何使传统的道德和文化适应市场经济现实。

在市场经济条件下，完全回归传统的家庭伦理、婚姻伦理，回归非契约关系的人际关系，已不太可能；但又不能完全无视传统道德对我们的伦理底线和高尚道德的教化和涵养作用。这里的关键是要正确理解我们实行的是社会主义市场经济，而不是资本主义市场经济。我们的社会主义制度对家庭、对人际关系、对道德、对价值观念的要求，与传统文化中的精华和文化基因是相契合的。我们要剔除那些封建的东西，把传统文化中的精华和基因打造成调节社会主义市场经济条件下人际关系的积极因素。

我们不可能原封不动保留农业社会的传统道德规范，而应该吸取其中有价值的东西。这个有价值的东西就是相对稳定、不易变化的东西。道德中既有道又包括德。具体的道德规范和标准是可变的，农业社会中那种父母在不远游游必有方、晨昏定省、早晚问安、天天厮守已无可能，但对父母的孝道传统仍然有吸取的价值；婚姻关系中白头相守、从一而终，虽然为高离婚率所冲击，但倡导夫妻相互忠贞之道仍然有价值；朋友经济往来的契约关系在市场经济条件下是必然的，但朋友之间应该信守承诺、有困难尽力帮助的交友之道仍然有价值；农业社会中“隔篱呼取尽余杯”的邻居关系已不可能，但同楼层单元房中的邻居，终年不通有无、老死不相往来并不正常，邻里相助的传统和观念仍然有价值。传统礼制的繁文缛节尤其是其中体现等级制的礼、体现家长制尊卑的所谓礼都应该改变，但人仍然应该懂得文明礼貌。

如何评价传统道德，如何吸取中国传统道德的资源，是摆在我们面前的重大问题。我们道德重建的立足点不能是市场经济，而应该是社会主义制度。市场经济可以是社会主义经济运行的方式，但不是社会制度的本质。我们是建立社会主义社会，而不是建立市场社会。不能把人与人的全部关系市场化。如果以货币作为中介的市场经济关系成为人与人全部关系的中介，人与人的关系为货币关系所主导，只能是道德的沦落和价值观的颠倒。只要读读马克思《1844 年经济学哲学手稿・货币》就能知道。因此，在社会主义市场条件下，我们不要根据市场原则来构建我们的价值和道德规范，而是依据社会主义的本质要求来进行重建。只要符合社会主义原则，在社会主义市场经济条件下，它必然能调整市场经济条件下人与人的关系，能起到规范市场经济条件下市场主体的行为作用，有助于社会主义市场经济的正常健康发展。社会主义市场经济虽然会淘汰传统文化和道德规范中阻碍社会主义市场经济的旧观念，但市场经济条件下的社会主义本质与传统道德并非不相容，只是要经过创造性转化和创新性发展。

四、中华优秀传统文化要实现大众化

文化自信不是仅仅对知识分子、文化人说的，更是对全体人民说的。只有全体人民尤其是年轻一代能够普遍树立文化自信，能正确认识传统文化和当代文化，文化自信才能真正成为更基础、更广泛、更深厚的自信。

习近平总书记非常重视传统文化的教育和大众化问题。他说过："对中国人民和中华民族的优秀文化和光荣历史，要加大正面宣传力度，通过学校教育、理论研究、历史研究、影视作品、文学作品等多种方式，加强爱国主义、集体主义、社会主义教育，引导我国人民树立和坚持正确的历史观、民族观、国家观、文化观，增强做中国人的骨气和底气。"①

我们的各级学校可以根据实际情况讲授中华优秀传统文化的有关课程。这种课程可以是中华优秀传统文化概论，阐述中华民族文化的精神，也可以分门别类如中国哲学、中国

① 《习近平谈治国理政》，外文出版社 2014 年版，第 162 页。

艺术、中国诗歌、中国音乐之类的专业化课程。但无论是哪种中华优秀传统文化的讲授，都应该注意使历史文化转化为一种当代中国人能理解和接受的文化，培育听众的民族文化情感。文化情感是世俗的，它表现在人们的一言一行、日常生活之中。

如何使经典文化世俗化、大众化，把其中蕴藏的智慧转化为现代中国人生活的文化环境的构成因素，是个值得研究也必须解决的问题。我们应该重视经典文本的学术研究，但更应该重视中国传统文化的世俗形态。日常生活中的文化观念的作用力量非常强大。我们绝大多数人的文化观念并非来自经典阅读、来自书本，而是来自文化的世俗形态，来自文化环境的熏陶和世代相沿的传统观念。仅以吃为例，西方人爱吃牛肉、牛排，吃猪肉也可以，但决不吃狗肉，吃狗肉在他们看来简直是野蛮人；可东方某些国家的人们对狗肉情有独钟；有的民族不吃牛肉，视牛为神物，而有的民族不吃猪肉，视猪为天下最脏的东西。什么能吃什么不能吃，这是一种饮食的文化观念。泰勒说过："文化可以使一个人因为某种食物被文化打上不洁的烙印而饿死，尽管该食物的营养对一个人是有效的。文化可以使一个人为了扫除污点而剖腹或枪杀自己。文化的力量大于生死。"

信奉武士道文化的日本军人在侵略战争中宁愿剖腹也不投降；而美国人由于生命至上的观念并不以投降为叛国，认为保住生命是最重要的。中国推崇和文化，中国人是爱好和平的，但是在保卫国家抗击侵略的战争中，我们同样提倡牺牲精神，提倡“杀身成仁，舍生取义”。中国古代妇女遭强暴多自杀，以示贞节；在资本主义文化社会，妇女可以坦言自己被强暴，并诉诸法律。在中国古代，未过门而未婚夫死亡可以守节，称为节妇；而在西方则认为这是反人道主义。中国封建社会的妇女并非从小都读过《女儿经》，也并非每个中国人都读过《孝经》，但贞洁观念、孝的观念就是中国文化的传统观念。传统观念是已经深入生活、扎根于普通群众内心并处于一种潜意识中的观念。它的力量往往胜过书本的力量。

中国传统儒家经典是理论文化形态，可它的力量在于通过种种方式世俗化，或者通过学校教育、科举制度、乡规民约、族规家训等方式深深地影响人们实际生活。在历史上的中国，这种观念与农业生产方式和生活方式是一致的。中国人讲人伦、讲孝道，不孝是受到社会指责的；讲究家庭责任，为父母争光；讲究亲情，兄友弟恭，长兄、长姐有照顾弟妹的道德义务，特别是父母早亡更是如此，长兄如父，长嫂如母。中国人讲究人情，对朋友讲信义；一个人做人，不讲人情，不讲信义，是为人所不齿的；但社会上讲人情、走后门的现象严重，流行“人情大于王法”之类的观念。这都是以伦理为主导的中国传统文化长期世俗化的结果。传统的风俗习惯、乡规民约、不成文的交往规则比任何经典的话更具权威性。这种世俗化的结果，有精华也有糟粕，良莠不齐，因此，排除糟粕，把中国传统文化的优秀精华通过世俗化、大众化，成为中国人民的日常文化和道德观念是一项极重要的工作。

我们不能轻视日常文化，不能轻视日常生活中的文化观念和道德行为。从一个国家到另一个国家，所谓异国风情，就是不同的生活方式、不同的民居和建筑风格、不同的节日和风俗习惯。一般旅游者不可能接触到一个地方或民族的经典文化，却很容易感受到其世俗文化。世俗文化是一个民族的符号。中国人的春节拜年、端午吃粽子、中秋吃月饼，都是中国人的民族象征。一个民族的传统节日，往往像民族服装一样是民族的标志。如果没有世俗文化，我们到任何一个国家和民族除了种族特征外，其他都无法识别，无非都是马路、高楼大厦、汽车、手机和空调。只到图书馆看它的传世之作，是不可能真正了解这个民族的。它的经典只能代表它遥远的过去的积累，而不代表它的现在。在当下，文化主要存在于人们的日常生活之中。

一个民族的文化的整体素养，表现在它的社会风气之中，表现在它的人民的一言一行之中。文化自信应该包括日常生活继承传统中的有教育意义、有民族凝聚力的传统的良风良俗和作为民族标识文化符号的节日。尤其是要把优秀文化转化为社会文明、转化为个人的文明行为。一个只知道圣诞节、感恩节、情人节，而不知道中国传统节日的人，在文化观念上肯定有欠缺。一个饱读传统文化经典而个人行为极不文明的人，并不是一个真正有文化素养的人。

五、结语

要培育人民的文化自信，我们应该继承和发扬革命文化和社会主义先进文化，并在创造性转化和创新性发展中继承中华优秀传统文化；我们应该用中国文化来教育我们的人民和青年，提高他们的人文素质，使全体人民成为有文化有教养的现代文明人。文化的最大力量是化人。如果我们的文化只停留在经典文献上，只为少数专家和学者所理解，或藏在图书馆而远离我们全体人民的日常生活，就不能发挥文化的作用。文化自信就会变成一句没有实际措施的口号。让我们的全国人民尤其是青年一代成为有文化教养的人，成为现代的文明人。这样，文化自信不仅有经典文本的依据，而且有最广泛的群众基础。这样植根于人民中的自信，永远葆其美妙之青春，永远不会枯竭、不会断流。

第八讲

文化传承的自觉性和制度化

◇ 文化自觉与文化传承

◇ 立德树人，殊途同归

◇ 论据各异，智慧相通

◇ 评“逆取顺守，匡时救世”说

民族文化传承与文化传播不同。文化传承是一个民族文化内部的源与流、继承与创新关系；文化传播是本土文化与外来文化、文化交往与文化吸取关系。民族文化重传承，外来文化重借鉴。文化传承的源流不断，以国家的存在和统一为前提。自觉性和制度化是支撑一个民族文化源流不断的两大支柱。中国拥有丰富的传统文化，而且是唯一没有中断的世界文明古国。在历史上，中华文化传承的自觉性和自发性、制度化和制度缺失并存，其中有不少历史经验和教训可供总结。

中共中央办公厅和国务院办公厅2017年印发的《关于实施中华优秀传统文化传承发展工程的意见》，其最闪亮之处在于显示了中国共产党把中华优秀文化传承的自觉性和制度化保护，提高到国家文化战略层面。文化传承的自觉性和制度化，是中国共产党人对民族优秀文化、对我们祖先以及对我们子孙后代承担的历史使命，也是真正把文化自信落到实处的重大措施。

一、文化自觉与文化传承

文化传承是人类社会发展的内在精神动力。人类创造文化，必然同时出现文化传承。如果每代人都从头开始，文化就不可能积累，社会发展也必然陷于停滞。中国传统文化就是在传承和创造双重张力下发展的。

中国传统文化传承，既有自觉性的一面，又有自发性的一面；既有制度化的一面，又有缺少可靠制度保障的一面。因此中国传统文化的发展既呈现出总体的连续性和继承性，也呈现出局部的大量著名经典只知其名并无其书，非物质文化技艺绝活传统失传，以及历史上不少曾极一时之盛的学派因后继无人而成为绝学。我们祖先留下了很多好东西，但也失去了很多好东西。中国历史上的经典，包括经史子集以及文学艺术各类书籍，各种国宝级的文物和艺术珍品，经过兵、火、掠、盗，今人真正能看到的可能不得其半。这里就存在一个文化传承的自觉性和制度化保护问题。

流传久远，保存较好的是儒学经典。中国封建社会虽历经王朝更替，但儒学并未中断。历史上，曾与儒学同为显学的墨家，作为学派就成为绝学。其他在战国时期曾经活跃的不少学派，也是如此。原因在于自汉武帝罢黜百家、独尊儒术以后，儒学的自觉传承受到制度的支持，与封建社会制度高度结合。不管王朝如何更替，儒学作为封建社会官方的意识形态的地位没有变。儒学的形态会变化，如援道入儒，或儒释道融合，但封建社会儒学主导地位未变，儒学作为中国传统文化核心未变。尤其是自宋代科举以《四书》为标准答案，《四书》《五经》成为中国读书人必读典籍。国家政权力量的导向，对儒家文化的自觉传承发挥了重要作用，而其他学派则成为纯学术领域，自发传承。有其人则有其学，无其人则成绝学。这应该是文化自觉传承观念缺失的损失。

儒学成为中国传统文化的正统和主导，对中国人的精神世界发挥了重大作用。儒学主张皇天无亲、惟德是辅，主张民本、得人心者得天下、诛独夫不为弑君等重要思想，对君权具有一定的约束力；它提倡的为学之道、为官之道、为人之道具有道德自律作用，培养了不少著名学者，也产生了不少有气节与骨气的诤臣和杀身成仁视死如归的忠勇之士。文天祥临刑时说："读圣贤书，所学何事，而今而后，庶几无愧！"是其中最为著名的人物之一。

历史上的读书人，即所谓士、儒生，主要是通过直接阅读经典来继承中国传统文化的。这也是一种自觉传承。这种自觉传承对培养中国读书人的人文素质和道德水平作用很大，读书和明理的统一，发挥了儒学的教化作用。在中国历史上有各种教育机构，除官学外，还有私塾、家塾，唐宋后书院兴起，这都属于文化的自觉传承的载体。儒学得以传承，其中一个很重要的原因是教育，孔子首创私学，号称弟子三千，贤徒七十二。孔子逝世后，儒学得以传承，孔门弟子及其后学，与有力焉。

中国有修史的传统，史书不仅包括为政之道和治乱得失，也包括文化的自觉继承。统治者特别注意从中国传统文化中吸取治国理政的经验，如唐代魏征奉旨编纂的《群书治要》，就是一个突出例证。有些王朝注意编纂类书，如《册府元龟》《太平御览》，尤其是《永乐大典》《四库全书》，规模宏大，世所未有。

儒学自觉传承的制度化包含两面性，既有制约君权，弱化专制主义的一面；可统治者为了有利于统治往往强调另一面，即尊卑有序，忠君死节，不准犯上作乱，而对民本、仁政、王道，往往口惠而实不至，虚应故事者多，真正实践者少；儒学有培养士子的人文道德境界，积极入世，为贤臣为良相为清官为良吏为君子的重大作用，但一旦制度化，成为官方录用和科场考试标准答案时，往往异化为进入官场的敲门砖。十年寒窗，为的是金榜题名。当儒学的传承与官员的升迁结合，儒学教义逐步被教条化、僵化和门面化，成为历史的宿命。熟读儒家经典人中的两面人，即所谓假道学并不少见。这是儒学独尊和功利化带来的负面作用。

在历史上文化传承自觉中包括自发作用。中国是一个有着丰富优秀传统文化的国家。中国官员甚至高官中著名文学家、哲学家、诗词大家不乏其人。中国官员文化修养高，能为官亦能为学，能为文兼能为诗。这与从小接受传统儒学正统教育和自身文化修养有关。除正统儒学教育外，其他学派作为门派虽然没有延续，但其中一些著名经典仍有传流，为专家学者所研究，因而其思想得以保存。况且，中国传统文化内容非常广泛，包括诗歌、小说、绘画、笔记、野史，都提供精神食粮。这些与获取功名无关。科场失意难入仕途者，往往在学术研究和传承方面成就更大。这是自发传承中一笔有价值的文化财富。

中国曾是一个文盲极多的国家。直到新中国成立前，中国文盲率仍然极高，教育极不普遍。文化经典自觉传承由于教育不普及，文盲众多而受到极大限制。普通百姓绝大多数不可能直接阅读经典。他们是通过文化的自发社会功能，接受生活其中的民族文化的熏陶和感染。传统的道德规范，优良的风俗习惯、家教门风，戏曲，小说，生活方式和人际交往的规则，传统节日和祭祀活动等日常的活的文化形态，通过人伦日用发挥作用。中国传统文化精神的精髓往往通过这种世俗化的方式自发传承，成为我们民族成员精神构成的重要基因。但传统文化世俗化的自发传承，往往良莠不齐。在中国传统文化传承中如何区分精华与糟粕，如何改变旧风俗旧观念旧习惯，在旧制度下很难实现。中国近代一直为一些批评者诟病的中华民族的劣根性和国民性，并非中国人的特性，而是文化自发传承中的坏东西的影响和流毒的积累。在文化传承中应该提高择优汰劣的自觉性。

毛泽东说过，“从孔夫子到孙中山，我们应当给以总结，承继这一份珍贵的遗产”①。在中国人民获得胜利之前，这是马克思主义者对待自己文化遗产的历史唯物主义原则。只有当中国共产党人掌握全国政权以后，重树文化自信，才能自觉承担传承发展中华民族优秀文化的历史责任，并通过制度化保障，实施中华文化资源普查、共享、登录和保护制度。提高优秀文化传承的自觉性，确立文化保障制度，有效防止中华文化资源的流失，这是对历史上文化传承中自发性和制度缺失经验教训的总结。

二、立德树人，殊途同归

当代中国，不是独尊儒术的时代。中华优秀传统文化传承的内容丰富，包括各类文化遗产和非物质文化遗产，而且

① 《毛泽东选集》第 2 卷，人民出版社 1991 年版，第 534 页。

涉及政府众多部门共同承担的任务。但从国民教育角度说，中华优秀传统文化全方位融入各个不同的教育层次、不同教育类别，非常必要，非常重要。春风化雨，润物无声。通过课程设置，中华传统文化的核心理念、中华传统美德和人文主义精神，从儿童时抓起，逐步内化为受教育者的人文素质和价值理念。这是社会主义制度下优秀文化自觉传承的有效途径。

中华优秀传统文化进课堂和加强高校思想政治理论教育的关系如何处理，是一个我们当前必须面对和正确处理的问题。以马克思主义为核心内容的思想政治理论课与以儒学为核心内容的中华优秀传统文化在理论框架、基本范畴和概念，以及对不少问题的解释上会出现理论差异性。如何调适两者关系，立足于巩固马克思主义在意识形态领域中的指导地位，牢牢把握社会主义先进文化前进方向、坚持中国特色社会主义文化发展道路，在坚持马克思主义与中华优秀传统文化结合上狠下功夫，这应该是我们面临的一个新课题。

中国文化经典进课堂与思想政治理论教育，在立德树人方面各有功能，殊途同归。政治理论教育具有极强的政治导向性和直接现实性，它的根本任务是用科学的世界观和方法论，用马克思主义基本原理教育我们的学生，树立正确的政治意识和政治方向，为中国特色社会主义事业培养合格的建设者和接班人。这是直接关系到我们高校办什么样的大学，怎样办大学；培养什么样的人，为谁培养人的大问题。传统文化经典进课堂不能代替也不应削弱思想政治理论课的导向功能，而要发挥它们的互补作用。

我们要充分认识中华优秀传统文化的核心理念，即它的人文精神与高尚的道德规范和情操，是我们立德树人的思想资源，决不会因为重视和强调思想政治理论课而减少它的重要性。可以这样说，我们的学生如果不接受马克思主义思想政治理论的教育，不可能成为当代社会主义条件下具有明确社会主义政治方向的中国人；如果不接受中华优秀传统文化的教育和培养，不可能成为具有中国优秀文化素质和道德教养的中国人。

思想政治课教员应该重视中华优秀传统文化的学习，要认真学习和钻研一些中国的传统经典著作，掌握它的精髓。我们自己不仅以其作为立身之本，还应该把它融入自己讲授的课程中。在中国从事马克思主义研究，包括从事思想政治理论课的教学，不具备中国传统文化素养，不可能成为一个能结合中国文化特点和用中国话语阐述马克思主义基本理论的教员。只要认真思考，我们可以发现马克思主义基本理论和中华优秀传统文化的核心理念和人文精神，作为人类智慧与社会进步和人类道德进步的走向是相通的。就功能来说，它们都能发挥立德树人的作用。任何一个马克思主义理论课教员，都能从中华优秀传统文化的核心理念和传统美德与人文精神中，找到和发现与马克思主义的信仰和理想、与辩证唯物主义和历史唯物主义原则相契合相一致的思想。如果思想政治理论课不能与中华优秀传统文化相结合，成为无血无肉无情无感完全非中国化的普遍的抽象的原理阐述，就会失去它的感染力和吸引力。其实，中华文化经典著作中的智慧思想，以及名文佳作、诗词歌赋，都可以成为我们讲政治课的极有价值的思想资源。要学会用中国话讲授马克思主义思想政治理论课，教师自身一定要有较好的中国传统文化素养，并具备善于精准灵活运用中华优秀文化资源的功力。

同样，中国传统文化的研究者和讲授者，不能轻视甚至拒斥马克思主义，不应轻视思想政治理论课的作用。其实，讲授中国传统文化，如果不是照本宣科，不是满足于停留在解字释义的水平，就能发现马克思主义，发现辩证唯物主义和历史唯物主义的理论威力，一旦应用它来理解与解释中国传统文化，就会上升到一个新的境界，使其充满新时代的丰富内涵。中国传统文化的创造性转化和创新性发展的方法论指导是马克思主义，而它的现实基础则是中国特色社会主义实践。离开了马克思主义思想指导和中国特色社会主义建设的现实基础，传统文化中的思想就是一种历史性存在，难以与现时代相适应。只要仔细观察，我们可以看到如革故鼎新、与时俱进、脚踏实地、实事求是、惠民利民、安民富民、道法自然、天人合一，以及讲仁爱、重民本、守诚信、崇正义、尚和合、求大同，在我们的时代，已经有了新的理解和充满现实的内容。“天人合一”已经突破传统中的天命论杂质、提升为吸取马克思主义哲学中包含的人与自然关系和人与社会关系的新内容，解决了原有命题中“天人相分”和“天人合一”之争的内在对抗；只有立足于当代社会主义实践才能懂何者为故，何者为新，在中国特色社会主义前进过程中“革故鼎新”的本质和方向是什么；不懂辩证唯物主义，就不懂“实事求是”为什么能从古人倡导的一种治学态度而成为中国共产党的思想路线；不懂历史唯物主义的基本原理和它关于人民群众的观点，“惠民利民”“安民富民”最多只能停留在封建社会口惠而实不至的所谓“王道”“仁政”上；“水能载舟，亦能覆舟”，在当代中国已上升到为人民服务和人民是社会主义国家主人的水平，而不单纯强调水的载舟和覆舟功能，否则就无法超越封建社会统治者既离不开人民又害怕人民的两难困境；离开辩证法，离开矛盾对立统一学说，不知合与分，和与斗的辩证关系，就会陷入另一种片面性。民为邦本，本固邦宁，得人心者得天下，这些古训极好，为什么中国历代王朝总是一再重复弱本强枝、失去民心的错误呢？没有唯物主义历史观，难以解释清楚。因此必须坚持辩证唯物主义和历史唯物主义，秉持客观、科学、礼敬的态度，取其精华、去其糟粕，扬弃继承、转化创新，不断补充、拓展、完善，才能使中华民族最基本的文化基因与当代文化相适应，与现代社会相协调。以这种态度在课堂上讲授中华优秀传统文化，就不会与思想政治理论课的内容南辕北辙，而是相得益彰，各自发挥特长和优势，从不同方面发挥立德树人的作用。

个人的学术与信仰有其自由，但在当代中国，传统儒学经典进课堂不是为了把我们的学生培养成熟读儒学经典而不与时俱进的当代儒者，而是将他们培养成既有正确的政治方向和科学的世界观与思维方法，又通过对中华传统优秀文化的基本内核、人文精神和高尚道德的掌握，成为具有高度的人文素质和道德教养，热爱中华民族文化的现代人。而且通过对中华优秀传统文化的理解，深化对中国特色社会主义的道路、理论、制度和文化的认同。

三、论据各异，智慧相通

我有位朋友是一位有成就的自然科学研究者。他向我提了个问题，如果心外无物、心外无理，吾心即宇宙，宇宙即吾心，那我们这些以客观外在世界为研究对象的科学家就用不着进行科学实践，坐在家里做足修养功夫不就行了吗？这种困惑是建立在不理解以儒学为主导的中国传统文化的特点以及心学的精华所在上的。不理解马克思主义的本质和以儒学为主导的中国传统文化的各自特点和运用边界，就容易陷入非此即彼，水火不容的理论困境。

在思想政治理论课堂上，教员讲人的本质是社会关系的总和，没有无缘无故的爱也没有无缘无故的恨。“同是天涯沦落人，相逢何必曾相识。”同情心、恻隐心、怜悯心、羞耻心并非与生俱来的。政治理论课讲世界的物质性，讲规律客观性，讲物质世界是不依赖人的意识而存在的客观世界，世界在人产生之前早就存在；讲要承认有天人之分，承认世界有主体与客体之分，它们只是在一定条件下统一的，而不是“天地与我并生，而万物与我为一”；等等。如果心外无物，心外无理，人类就不必认识世界，也不必改造世界。心外无物，人类实践和科学研究就没有对象；心外无理，就不必探求和研究客观规律。

可在讲授儒学经典中会讲到孟子的性善说，四端四心说，尤其是讲程朱理学和陆王心学时，会讲到离事而言理，强调理在事外；会讲到人皆有是心，心皆具是理，主张返回本心，致良知。讲到良知是天性，是本心，见父自然知孝，见兄自然知悌，见孺子入井自然知恻隐。这些是天性，内在于心，不假外求。如果思想政治理论课根据辩证唯物主义和历史唯物主义强调的是物质、客观、实践，物质第一性、意识第二性，而在中国传统文化尤其是心学中，强调的是天理、天良、本心、良知和致良知，讲到一念之动即是行，等等。如果各是其是，各非其非，我看学生思想会越学越乱，头脑变成跑马场。要正确处理思想政治理论课与中国传统经典进课堂讲授中出现的立论差异，就要讲清以马克思主义为指导的思想政治理论和中华传统文化既有相通之处，也会由于各自关注点不同而产生的论述的差异性。

马克思主义是认识世界和改造世界的哲学。承认世界的客观性、规律的客观性，主张认识来源于实践，否则，它就不能承担无产阶级和人类解放的理论指导作用。马克思主义具有科学特性，它重视客观性、规律性和可验证性。马克思主义经济学要求研究客观经济规律，科学社会主义学说要求研究社会主义取代资本主义的必然性规律，而马克思主义哲学要求研究世界的客观本质和世界发展的普遍规律与社会发展规律。当代中国马克思主义要研究中国特色社会主义发展规律。重视物质世界、重视实践活动、重视客观规律，重视科学的认识论和能动反映论，这是马克思主义学说作为科学世界观题中应有之义。马克思主义反对事理分离，离事而言理；反对心物分离，去物而言心。

中国传统文化中同样有本体论和认识论问题，儒学中的气论、墨学中的认识论和逻辑学，老庄哲学中的辩证法，与马克思主义哲学有相通相似之处。但中国传统文化的特色是以儒学为主导的人生伦理型文化，是重道德、重价值、重修养、重心性的学说。人不仅有对象性意识还有自我意识；对象性意识当然离不开对象，是一种反映性意识；可人的自我意识是人的内心世界。道德的本性是自律，人不可能离开人的内心世界而进行道德修养和道德自律。以心为体，重内心世界，强调修养是中国道德伦理型文化的立论依据。

心是什么，我们无法按人体解剖学来理解这个中国哲学问题。按生理学，人有心脏，它是人的生理器官；心脏不是思维器官，人的思维器官是大脑。在中国哲学中，心是包括知情意，包括人的道德和价值在内的主体的能动的内心世界。它是人的身体和行为的真君，是主宰。恻隐心、羞耻心、辞让心、孝心，诸如此类的所谓心，就是道德规范内化而形成的良知。良知，就是内心的道德；致良知，就是通过修养而达到最高的道德境界，而知行合一就是道德实践。一念之动就是行，必须慎独排除杂念。人人有圣人之质，但不一定能成为圣人，因为人的天良容易为私欲所蔽，必须修心。只有正心才能诚意，才能修齐治平。这是“修心”说的意义所在。

当年毛泽东在师从杨昌济先生时，熟读泡尔生的伦理学。毛泽东写于 1917 年的论文《心之力》就是从道德修养的视角看待心性之学的。文章劈头就是，“宇宙即我心，我心即宇宙，细微至发梢，宏大至天地。世界、宇宙乃至万物皆为思维心力所驱使。博古观今，尤知人类之所以为世间万物之灵长，实为天地间心力最致力于进化者也。夫中华悠悠古国，人文始祖，之所以为万国文明正义道德之始创立者，实为尘世诸国中最致力于人类与天地万物精神相互养塑者也。”“夫闻三军可夺其帅，匹夫不可夺志。志者，心力者也”。

在中国成语中关于心字的成语甚多，这表示中国人对心的重视，对内心修养的重视。一个人，如果心术不正，没有羞耻心，必然没有道德底线，什么坏事都能干。百姓如此，当官为政者亦如此。《大学》中说：“自天子以至于庶人，壹是皆以修身为本。其本乱而未治者否矣。其所厚者薄，而其所薄者厚，未之有也。”修身的核心就是修心，即净化自己的内心世界。

我们不能离开中国哲学的语境抽象地讨论中国传统文化的特色。不能用各种关于宇宙起源和人类起源的学说来衡量“天人合一”“吾心即宇宙，宇宙即吾心”“心外无物、心外无理”之类的中国道德形而上学的哲学命题。按照辩证唯物主义物质本体论和科学认识论的观点，无法认同“吾心即宇宙，宇宙即吾心”“心外无物、心外无理”“万物皆备于我”的哲学命题。可是当我们把它看成是一种人生境界和道德追求，看成对“止于至善”的终极道德价值的追求，看成是对作为“会思想的芦苇”的人和动物的不同之处，我们就能明白中国传统文化的特色。阳明心学之所以被认为是中华优秀文化的精华，就是因为它强调人的主体性，懂得致良知的修养功夫和知行合一的道德实践原则，对于纠正当代人过度物化，具有现实价值。

马克思主义哲学反对唯心主义，但重视人的精神世界，反对庸俗的和机械的唯物主义。精神当然不能离开肉体，但精神的作用，即人的知情意和人的道德的力量是巨大的。它可以使人舍生忘死，泰山崩于前而色不变。毛泽东说，人是需要有点精神的。毛泽东著名的《愚公移山》《为人民服务》《纪念白求恩》就是赞扬一种精神。赞扬愚公“挖山不止”的坚忍不拔精神、张思德的“为人民服务”精神、白求恩的“不远万里”而来的“真正共产主义者的精神”。列宁赞扬强调精神作用的唯心主义哲学家是“聪明的唯心主义”，而把否定精神作用的庸俗唯物主义称之为“愚蠢的唯物主义”。

在世界的物质性和物质与意识的辩证关系上，我们坚持马克思主义世界观。我们不赞成“以心为体”的思想超出道德修养和安身立命的范围，取代马克思主义哲学的基本观点，但我们高度重视“心”即人的精神的能动作用。只要我们准确地把握马克思主义与中国传统文化的相通和相异之处，知道它们各自的立论依据、各自的理论功能和适用边界，就能找到一条马克思主义和中华优秀传统文化相结合的创造性发展当代中国马克思主义之路。

四、评“逆取顺守，匡时救世”说

有种议论，认为今天大力倡导儒学经典进课堂，是为了把读经作为纠正当代所谓世风日下、人心不古、道德失范、价值观混乱的灵丹妙药、救世良方，即所谓“逆取顺守，匡时救世”。这种看法，肯定失之偏颇。

读经并不能救世。中国历史上并不缺乏读经的年代。历朝历代的读书人都是读经的，当时所谓读书主要就是读经。尤其是宋以后以《四书》作为标准教科书，封建时代的读书人，可以说是自小从经中泡大的。举国士子读经，是当时的社会现实。谁能说那些经书读的最好，在科举中荣登金榜的人，就是道德水平最高的人呢？只要懂点中国历史都知道，十年窗下无人问，一举成名天下知的士子中，确实有很多得儒学精髓，穷则独善其身、达则兼济天下，居庙堂之高则忧其民、处江湖之远则忧其君的读书人，但也有不少以弄权渔民为目的的大贪巨猾。《儒林外史》中塑造的严贡生严监生，以及鲁迅先生《故乡》中的鲁四爷，不过是这类人中微不足道的小人物。

封建社会的贪污腐败，虽严刑峻法、剥皮楦草，难以杜绝。这是社会制度的本质问题。它既不是读经读坏的，也不是单纯读经能读好的。至于当今社会中出现的贪污腐败、诚信缺失和道德失范问题，并非一些危言耸听者所说的是传统文化断裂造成的，而是社会急剧转变中法治建设和道德教育滞后导致的问题。解决的方法在坚持中国共产党的领导、坚持依法治国、坚持全面从严治党、坚决反对贪污腐败中。当然，这不是我们不需要“读经”的理由，相反，中国文化经典中就包括古人治国理政、反贪惩腐的智慧；而且优秀文化经典进课堂，肯定有利于学生优良道德的养成，有助于形成向上向善的社会风尚。文化经典进课堂是教育体制改革的一件大好事，必须做好、做实。

中国传统儒学经典进课堂，可不是一件简单的事。如何教，如何学，这是教育体制改革的一件大事。经典文本并不能与中华优秀传统文化简单画等号。毫无疑问，中华优秀传统文化存在于经典文本之中，但经典文本同样存在糟粕、存在时代的局限性。把经典文本与优秀文化等同，以为读经就等于传授优秀传统文化，无须辨析，只能接受，这是一种简单化的看法。经典文本和从经典文本中提炼出来的精华存在差别。精华充分体现了中华优秀传统文化中的总体性理念、智慧、气度和神韵，它是各个学派经典文本的精华和中华民族生活实践经验的精炼，如百花酿蜜，得其精华，而文本中的思想则可能精芜杂陈。因此，中国经典文本进课堂，如果我们的教师不重视甚至拒斥马克思主义作为基本理论和方法论，效果是不一定能达到预期的。

取其精华，去其糟粕，这是我们对待中国传统经典的基本原则，也是提高优秀文化传承自觉性的根本之道。尽管有些学者会有不同的看法，但把握社会主义先进文化前进方向，坚持以人民为中心，以创造性转化和创新性发展的态度对待中国传统文化经典进课堂是完全必要的。只有这样，才不会把重视文化经典的学习理解为全国开展读经运动。才能理解今天的阅读经典不同于中国封建社会的皓首穷经，不同于鲁迅在《华盖集·十四年的“读经”》一文中大力抨击的以守旧复古维护旧制度旧秩序抵制西学为目的的读经。区别的关键就在于，中华文化经典进课堂大大有利于巩固马克思主义在意识形态领域中的指导地位，丰富和发展社会主义先进文化，牢固树立社会主义核心价值观，对整个民族的素质和前途具有长远的重要意义。这是实现百年树人的长远的教育和文化政策，是实现中华民族伟大复兴的经国大计，而不是一时病急乱投药的所谓“匡时救世”。

第九讲

文化自信中的传统与当代

◇ 文化自信与民族解放

◇ 文化是有机整体

◇ 文化自信与知识分子的社会责任

文化自信不是一个简单的文化口号。不懂中国历史，尤其是不懂近百年中国的奋斗史，不懂中国共产党的革命和建设历史，就难以理解文化自信的丰富历史内涵；不懂得马克思主义传入的重要意义，不懂得中国传统文化的创造性转化和创新性发展，不懂得红色文化和社会主义先进文化的创立是中国文化在当代的发展，就不懂得文化中的传统与当代的辩证关系。固守传统和抛弃传统，都是中华民族文化的断流。文化自信既是基于我们民族苦难和奋斗史的文化自觉与自豪，又是我们民族寻找自身伟大复兴之路的文化史的历史展示。这是一种既热爱自己的民族文化又海纳百川的包容精神，既积极奋进又不卑不亢的文化精神。我们要在文化自信的基础上，建设文化大国、文化强国。

一、文化自信与民族解放

一个民族的文化和民族独立不可分。民族是文化的主体，文化是民族的灵魂。与民族的衰败兴亡相伴随的是民族文化的繁荣或衰落，甚至中断。

中国之所以有一部比较完整的中华民族发展史，有5000年连续的文明，有保存比较好的文化经典，主要是因为我们的先人在这块土地上经过艰苦的世代开拓、发展、融合，逐步发展成统一的中国。尽管在长达几千年的历史中，我们有过多种政权的并存，也有过不同民族处于统治地位，但中国始终保持着一个独立的国家存在。民族是文化的主体，国家不亡、民族不分裂，文化才不会变为无所依靠的游魂。中国只是在近代面临民族存亡危机时才出现所谓真正的文化危机。文化危机的重要表现是丧失民族自信心，是文化自卑和对传统文化的自暴自弃。这是文化的悲哀，更是民族的悲哀。

在明中期以前，中国是世界上经济最发达、也是文化最发达的国家。商周时代典籍，战国时的诸子百家，汉代雄风，盛唐气象，两宋文化之高度发展，成为世界文化史的辉煌篇章。毛泽东说过："在中华民族的开化史上，有素称发达的农业和手工业，有许多伟大的思想家、科学家、发明家、政治家、军事家、文学家和艺术家，有丰富的文化典籍。"[①] 中国的文化具有巨大的影响力，向周边国家辐射，

① 《毛泽东选集》第2卷，人民出版社1991年版，第622页。

在东亚形成了儒家文化圈。

在当代中国，文化自信是具有时代性的命题。它既是一种文化的自觉与自豪，是反对“西方文化中心论”，反对由于清中叶后列强入侵、中国落后于西方产生的民族自卑和文化自卑，又是吹响推动中华民族复兴的精神号角。中国历史上，从来不存在文化自卑问题。这一点，最早来中国的耶稣会传教士利马窦也承认：“就国家的伟大、政治制度和学术的名气而论，他们不仅把所有别的民族都看成是野蛮人，而且看成是没有理性的动物。在他们看来，世上没有其他地方的国王、朝代或者文化是值得夸耀的。”当然，这种文化自信中存在着某种天朝大国的盲目性，但至少说明，文化自信是国家强大的表现，而自信心的丧失是附着在民族危机心灵上的文化毒瘤。

西方资本主义兴起时，中国仍然是农业生产方式占主导的社会，中国开始落后于西方。而当西方帝国主义列强以炮舰政策敲开中国的大门并连续对中国进行洗劫式的侵略和掠夺，迫使中国签订一系列不平等条约，中华民族面临民族存亡危机时，有些人丧失信心，但深受中国文化精神培育的中国人民并没有失去民族自信。鲁迅先生在他的著名文章《中国人失掉自信力了吗》中以匕首投枪式的文字，痛斥一些人丧失民族自尊心的消极言论，他满怀热情和自信地指出：

“我们从古以来，就有埋头苦干的人，有拼命硬干的人，有为民请命的人，有舍身求法的人，……虽是等于为帝王将相作家谱的所谓‘正史’，也往往掩不住他们的光耀，这就是中国的脊梁。”

有论者断言，在近百年中国历史上，是中国共产党和马克思主义的传入，斩断了中国传统文化的血脉，导致中国传统文化的危机。这种说法当然是罔顾事实。事情正好相反。中国共产党的产生是中国历史上开天辟地的大事，马克思主义的传入，改变了中国文化的原有结构，并增添了许多新的科学元素。在以马克思主义为指导的中国共产党领导下，中国革命取得胜利，中华民族从此站起来了。中国人民革命的伟大胜利，中国人民的解放，重新恢复了中华民族生气勃勃的民族生命力和文化自信心。

任何一个客观公正的观察家都不能否认，与清末不断割地赔款、视洋人如虎相比，与北洋时期军阀混战、各自依洋人以求靠山相比，与国民党统治时期民生凋落、经济落后、政治腐败相比，正是中国共产党领导的革命胜利和中国的崛起，打破了长期处于主导地位的“西方中心”论，清洗了一些人头脑中的民族自卑感和殖民地心态，迈开了中华民族伟大复兴的步伐，并为中华民族文化复兴开辟了广阔的空间。正是在中国共产党领导下，中国传统文化大步走出国门，使在文庙中孤独自守的孔子遍游世界，孔子学院在不少国家安家。正是在当代，汉学在西方成为一门热学，学习中文、学习中国传统文化成为世界文化交往中的一种新景观。正是在当代，海外中国文化中心如雨后春笋般地出现。习近平总书记在 2016 年“七一”讲话中说：“当今世界，要说哪个政党、哪个国家、哪个民族能够自信的话，那中国共产党、中华人民共和国、中华民族是最有理由自信的。”① 习近平总书记掷地有声的话，道出了一个真理：只有在中国共产党领导下获得民族的独立和解放，才能信心满满地自主选择自己的发展道路和制度，才能清除帝国主义和殖民地文化影响，复兴被列强践踏和蔑视的中国传统文化。中国共产党是中国传统文化的继承者和发扬光大者，因为正是中国革命的胜利才使处于衰落中的中国传统文化得以复兴。

文化自信，绝不是文化自大，更不是文化上闭关锁国，拒绝文化交流。这不是文化自信，反而是文化不自信的怯懦。中华民族自古就信奉和而不同原则，是最能吸收外来文化的。汉唐时如此，近代更是如此。在近代，我们努力向西方学习，我们翻译西文名著。当中国共产党还偏处陕北小城延安时，毛泽东就以自己的世界眼光指出：“中国应该大

---

① 《习近平谈治国理政》第二卷，外文出版社 2017 年版，第 36 页。

量吸收外国的进步文化，作为自己文化食粮的原料，这种工作过去还做得很不够”①，“各资本主义国家启蒙时代的文化，凡属我们今天用得着的东西，都应该吸收”②。改革开放以来，我们更注重文化交流，也更有条件进行文化交流。我们在向世界介绍中国文化的同时，努力向外国学习。这些年来，中国派往外国各类留学生之多是空前的。中国提出的“一带一路”倡议，就不仅是一种经济交往，也是一种文化交往。千百年来，丝绸之路在民族文化交流中留下了许多辉煌的篇章。“一带一路”的建设，除了经济价值外，在文化交流上同样具有重大价值。

世界历史和中国历史都证明，民族的灾难也是民族文化的灾难，只有民族复兴才能为民族文化复兴开辟道路；也只有坚持民族文化精神，才不致陷于国家分裂和被奴役的悲惨境地。中华优秀传统文化的基本精神，在中华民族处于困境和危机时，给予革命者以前仆后继、英勇奋斗的精神支撑。一个真正爱护中华文化的人，应该珍惜我们得之不易的民族独立和解放；而一个真正爱国主义者必然从内心深处珍爱和礼敬自己的民族文化。

西方资本主义兴起与扩张在文化上的表现，最突出的是

---

① 《毛泽东选集》第2卷，人民出版社1991年版，第706页。

② 《毛泽东选集》第2卷，人民出版社1991年版，第707页。

鼓吹“西方中心”论；而与民族文化危机相伴随的是一些人失去对中国文化的信心，抱有殖民地文化心态。当代中国已是处于中华民族伟大复兴征程中的中国，是建设中国特色社会主义并已取得卓越成就的中国。我们重树文化自信，应以平视态度对待西方文化。西方某些国家的政客和依附他们的学者仍然怀着旧殖民主义者的文化自大狂，把西方价值观念和资本主义制度模式化，视为放之四海而皆准的普世模式。“普世价值”论的本质就是西方文化优越论、西方民主制度普世论和资本主义制度历史终结论的大杂烩。这是以西方文化优越论为底色的资本主义制度的优越性和不可超越性的话语霸权。

国内有些学者也乐于贩卖西方的“普世价值”论。当这个问题被引向价值是否具有普世性的烦琐争论时，最容易掩盖西方“普世价值”论的政治本质。当有些论者认为反对西方的普世价值观，就是反对世界文明，就是离开人类共同发展的文明道路时，这些说法本质上仍然是沿袭统治世界几百年殖民主义的“西方中心”论翻版，只不过把当年“西方文明优越论”，变为“西方普世价值优越论”，把它作为各国必须奉为的圭臬。在当代，西方输出“普世价值”，同当年殖民主义者输出文明，异曲同工，如出一辙，目的都在于把西方制度和道路作为唯一模式来改变世界。

我们反对的是西方包藏政治图谋的“普世价值”论，而不是反对自由、民主、平等、人权、法治这些人类认可的共同价值。早在民主革命时代，中国共产党就提出“建立独立、自由、民主、统一和富强的新中国”的目标。当中国获得民族独立和解放后，中国共产党并没有违背自己的纲领和承诺，而是迈开了建立自由、民主和富强新中国的步伐。当然，道路并不平坦，我们有过挫折和失误，但我们在不断总结经验和教训中前进。新中国成立以来，尤其是改革开放以来，我们在自由、民主、平等和人权制度的建设方面不断完善和取得进步，我们完全有能力有信心建设既有民主又有集中，既有自由又有纪律的社会主义民主制度。

在中国特色社会主义的话语体系中，文化自信是与道路自信、理论自信、制度自信不可分的。文化自信，是更基础、更广泛、更深厚的自信。因为在中国特色社会主义道路、理论和制度中，都贯穿着中国文化的自强不息、实事求是、海纳百川、与时俱进的基本精神，都能找到最适合的中国历史和文化传统，都有最适合世情、国情、民情的道路和保障人民各种基本权利的社会主义民主制度。

二、文化是有机整体

文化自信，是一个包括对中国传统文化、红色文化和社会主义先进文化在内的自信。这种自信，既是对我国历史上博大精深、为人类文明创造出不可磨灭贡献的文化的敬意，也是对创造中华民族文化的我们祖先的礼敬；同样，对红色文化和社会主义文化的自信，包含对永不屈服、前仆后继的革命先烈的崇敬，对社会主义建设时期的无数先进人物及其文化成果的敬意。只有对传统文化的自信而没有对红色文化和社会主义文化的自信，这种自信是不完整的，而且也是不可能的。一个民族的文化是一个有机整体，既有传统文化也有当代文化。最有生命力的文化是传统与当代最佳结合，既继承传统又推陈出新，各领风骚。一个民族的传统文化受尊重的程度，与它对现实的巨大影响是正相关的。优秀传统文化的作用就表现在它在塑造一个民族的性格和民族精神上具有伟大作用，表现在它的基本精神和智慧为后世子孙克服困难、自强不息提供精神动力和源泉。

文化不是塑像，也不是死水，而是活的机体。文化必须适应社会的变化而变化。传统文化要能够存在和发展，必须表现为一种不会中断的传统。没有传统的传统文化只是一个空名，而非实有；不再传承的传统文化表明文化的失传，这种失传的传统文化已无迹可寻，它的存在是不可知的，它已不再是传统文化，而是已经死去的失传的文化。没有传统文化，当然谈不上文化传统；没有文化传统，意味着传统文化的中断和消失。传统文化是依靠文化传统而延续的。可以说，没有一个现存的文化中不包含传统文化的因素。传统与当代绝对对立的二分化思维，是一种形而上学的思维。

经济并不能重新创造一切。创造文化的是人，而人总是从已有的思想资料中寻找可供构建与新社会制度适应的文化形态。这就决定了任何社会的文化都不能摆脱传统。中华优秀传统文化能否传承和发扬光大，取决于这种文化在当代的生存状况，正是在中国红色文化和社会主义先进文化中以其科学性、民族性和大众性，彰显出优秀传统文化的生命力和中国文化的精神基因的存在。

有的学者把“五四新文化运动”和“文化大革命”视为中国传统文化的两次灾难。这是夸大其词，也是误导。“五四新文化运动”反对旧道德旧理教，提倡科学与民主，是中国现代史上的进步运动；它形成了爱国、进步、民主、科学的“五四精神”，拉开了中国新民主主义革命的序幕，促进了马克思主义在中国的传播，推动了中国共产党的成立。“五四新文化运动”的不足之处，与它的历史价值和意义相比是次要的，把摧残中华民族文化罪名强加在“五四新文化运动”头上，是一种错误的文化保守主义的历史观。至于“文化大革命”中的所谓“破四旧”和对儒学的片面批判，确实是对中国传统文化的一次伤害。这种极“左”思潮，伤害了中国传统文化和一些对中国文化做出杰出贡献卓有成就的文化名人。这是我们深刻的历史教训和难以抹去的记忆。但这种对待传统文化的极“左”思潮，也是违背中国共产党和毛泽东本人对待中国传统文化的一贯主张的。它并不能代表中国共产党一贯的文化政策和主张，而是一次重大的错误。把“文化大革命”中的“破四旧”和“批孔运动”与“五四新文化运动”捆在一起，实际上是企图一笔抹杀近百年来中国在反对“全盘西化”和反对“文化保守主义”思潮中的成就和进步，为已被历史淘汰的旧文化思想招魂，是为所谓告别革命、开启新启蒙运动作思想理论铺垫。

马克思主义不是文化虚无主义者，在如何对待文化传统问题上，马克思主义的观点是明确的。有些人往往错误理解《共产党宣言》中关于“两个决裂”的论述。其实马克思和恩格斯说的与传统观念的彻底决裂，指的是与传统所有制（私有制）相一致的观念，即私有观念的决裂，而不是与传统文化的决裂。马克思和恩格斯自己在创立马克思主义过程中，就充分吸收德国古典哲学、英国古典政治经济学和法国空想社会主义的积极成果。列宁在《我们究竟拒绝什么遗产?》《青年团的任务》《论无产阶级文化》，毛泽东在《新民主主义论》中，都指出了应如何对待传统文化的正确态度。

在文化自信中，我们既要重视传统文化，又要重视革命文化和社会主义先进文化。在继承文化传统问题上，我们决不要忘记两个传统。一个是不能忘记中华优秀文化传统，同样也不能忘记中国人民在革命斗争中以鲜血和生命创造的革命传统。革命传统，就是红色文化的传统。中国革命传统中就凝结了中华民族的优良传统，是中国传统文化的积极成果在新的形式中的延伸和再创造。我们从无数革命先烈身上可以看到那种“富贵不能淫，贫贱不能移，威武不能屈”，和“苟利国家生死以，岂因祸福避趋之”的精神，就是中华民族优秀传统文化的基本精神。正是由于新的革命传统的承继，中国传统文化才没有发生像其他几个文明古国那样的传统文化的中断和没落。

我们正是在继续发扬上述两个传统的基础上，从事社会主义先进文化建设的。如果抛弃两个传统，数典忘祖，或忘记红船精神、井冈山精神、长征精神、西柏坡精神等，就无法理解社会主义时期先进人物的出现，无法理解在改革开放时期所呈现出的勃勃生机。完全可以说，社会主义先进文化以及为社会主义建设、为改革开放作出杰出贡献的先进人物，就是中华民族的优秀传统与中国革命传统精神相结合的当代表现。可以说，我们的文化自信，就是在上述两个传统基础上继续向前推进。我们应该继续在继承两个传统的基础上，建设文化大国、文化强国。

三、文化自信与知识分子的社会责任

我们对传统文化自信，与我们对历史上文化经典和文化名人的崇敬是不可分的。文化需要创造，创造文化并作出卓越贡献的人，是我们最为景仰的文化名人；而文化的载体是作品，尤其是传诵不衰的不朽名篇。翻开中国思想史、文学史等各类史书，无论是战国时的诸子百家、魏晋玄学、宋明理学，还是楚辞、汉赋、唐诗、宋词、元曲、明清小说，都有一连串永不忘怀的文化名人和光耀夺目的名篇巨著。一个个作出不朽贡献的文化名人，像一座座矗立在中国文化发展高峰上的塑像；而一部部名篇巨著仿佛闪耀发光的璀璨珍珠。在当代，我们同样需要培养文化名人，需要名篇巨著，为子孙后代留下宝贵的精神财富。这是新时代中国知识分子的历史使命和社会责任。习近平总书记在文艺工作座谈会上的讲话、在哲学社会科学工作座谈会上的重要讲话都发出这种号召，号召产生无愧于我们时代的名篇巨作。

我们有些学者喜爱谈论士的精神。中国传统的士，主要是儒家讲的君子，应该是在道德上有标准，在文化上有贡献，是立德、立功、立言的人。无论是论语中曾子的“士不可以不弘毅，任重而道远”。还是吕氏春秋中的“士之为人，当理不避其难，临患忘利，遗生行义，视死如归”。这都是对士的要求。这种要求表现在范仲淹的“居庙堂之高则忧其民，处江湖之远则忧其君”的名言中。一篇《岳阳楼记》，文以人传，人以文传，无论在文化上和人格上都足以垂范后世。至于张载的“为天地立心，为生民立命，为往圣继绝学，为万世开太平”。把士人即读书人的责任提高到无以复加的地步。我们应该继承的是这种人格精神和文化精神。今人所谓独立之人格、自由之精神的可贵，正在于它能坚持以人民为中心，不依附资本和权贵，不曲学阿世，通过学术自由和独立思考，创造出足以与我们时代要求相符合的作品，而不是以所谓独立人格和思想自由为标榜，俯视人民，与历史潮流相背而行。“横眉冷对千夫指，俯首甘为孺子牛”的鲁迅精神应该是我们的榜样。我们不要害怕文化名人。我们不是名人太多，而是名人太少。社会主义需要的是既具有独立人格和自由思想，又具有创造性的文化名人。

如何对待传统文化的问题，党的十八大以来，习近平总书记对中国传统文化做了许多重要论述。这些是我们正确对待中国传统文化，增强文化软实力，培育和践行社会主义核心价值观的指导原则。其中一个最重要的观点，就是习近平总书记提出的创造性转化和创新性发展问题。这是我们正确对待中国传统文化的总开关，是对毛泽东在民主革命时代提出的对待传统文化“取其精华，去其糟粕”思想在新时代的发展。

创造性，是人类活动的本质特征，但不同领域各有特点。技术领域，创造性表现为发明，新工具取代旧工具，新技术取代旧技术；科学领域，表现为发现，发现新的规律，提出新的原理。它的进步方式不是取代，而是新领域的拓展和新原理新规律的发现。人文文化的创造性，既不是取代，也不是新规律的发现，而是原有传统文化的不断积累和创造性转化。恩格斯充分理解文化传承的这个特点，他曾经说过，“在希腊哲学的多种多样的形式中，几乎可以发现以后的所有看法的胚胎、萌芽。”① 当然，胚胎、萌芽终究是胚胎、萌芽，还必须不断地积累新的思想和进行创造性转化。在当代世界，完全停止在胚胎、萌芽阶段，重复希腊哲学的命题和思想是不可想象的。在当代中国完全停留在我们先人智慧中包含的胚胎和萌芽中，只是“拿来主义”，同样是不可想象的。

有的学者倡导研究中国传统文化要“原汁原味”。这很有道理，对于治疗任意解读经典的主观诠释是一剂良药。但“原汁原味”不能绝对化，绝对化就不存在创造性转化问题。完全的“原汁”很难，因为经典也会存在各种版本，很难说

① 《马克思恩格斯选集》第 3 卷，人民出版社 2012 年版，第 877 页。

哪个就是绝对的“原汁”，古代没有著作权、没有知识保护法，各种本子的差异性会存在。原味更难，因为每个时代、不同学者会对同一论断做出不同的解读。《论语》《孟子》《大学》《中庸》这些儒家经典的注家众多，不乏歧解。可以说，对中国著名经典中不少论断都会有不同的解读。中国文化经典的凝练的语言，简单的句式，留有不同解释的多种空间。如果都要单纯追求“原汁原味”往往会争论不休。某句话、某个命题“原汁原味”的问题留给学者们去研究吧，对中国社会主义先进文化建设来说，最重要的是适应该时代、立足现实进行创造性转化和创新性发展。也就是经过自己口腔的咀嚼，肠胃的消化，吸收营养，排除消化后的废物。这种研究方法，重点在于认真学习经典，体会和吸取其中深刻的智慧，而不是寻章摘句、断文释义。这有利于从中国传统文化中吸取其合理思想来创建社会主义核心价值观和新的道德规范。

取其精华，去其糟粕是根本原则。不能认为传统文化都是精华，不存在糟粕，凡是能传下来的都是精华，糟粕都被历史淘汰掉了。这种看法说对了一半。留下来的是精华，但也会留下糟粕。因为传统文化的流传和继承并非只决定于文化自身，而存在人的选择，尤其是处于统治地位的统治者，他们是按照自己的标准来进行文化传承和选择的。因而文化传统的演变并非与社会无关的文化自身的演变，必然同时会经历一个过滤和筛选过程。虽然什么是精华，什么是糟粕，不像苹果，烂在哪里一目了然，可以切去烂的，保留好的。传统文化是一个复杂的机体，精华与糟粕如水入泥，混在一起。因此继承传统文化不可能是简单的拿来主义，而必须经过自己的嘴咀嚼，经过肠胃的消化，这就是阅读和理解。按照创建社会主义先进文化的要求，精华与糟粕是可以区分的。传统文化中具有民族性、科学性、人民性因素的都属于精华，而一切封建的、迷信的、落后的东西都是糟粕。

有人怀疑，经过创造性转化和创新性发展的传统文化还算中国传统文化吗？如果中国传统文化无需在实践中被激活、无需转化、无需发展，表面上是尊重传统文化，实际上是贬低传统文化。一种既不能转化又不具有当代价值的传统文化是僵死的文化，是没有生命活力的文化。这样的传统文化永远与当代现实无关，而只与它产生的原来社会相关，它已在历史中死亡。其实，中国传统文化的价值正在于它是源头活水，而不是一潭死水。当然，传统文化如何实现创造性转化和创新性发展，是一个严肃的科学研究工作，不是乱批三国式的插科打诨，也不是削足适履，而是在尊重原典、读懂原典的基础上，真正从中吸取智慧。在这里关键是要坚持马克思主义的基本观点和方法，中国传统文化实现创造性转化和创新性发展，马克思主义和中国传统文化相结合，应该相携而行。既不歪曲中国传统文化，把今人的东西挂在古人头上，又能从传统文化蕴藏的智慧中生发出与时代适应的新的诠释。

社会主义核心价值观的形成可以看成是传统文化创新和转化的一个范例。我们不是以与中国传统文化范畴一一简单对照的方式来形成社会主义核心价值观。我们是立足社会主义制度的本质和实践，通过理解传统文化思想和道德观念的基本精神和家国一体的原则，形成国家、社会、个人三者统一的社会主义核心价值观。正如习近平总书记说的，“培育和弘扬社会主义核心价值观必须立足中华优秀传统文化。牢固的核心价值观，都有其固有的根本。抛弃传统、丢掉根本，就等于割断了自己的精神命脉。博大精深的中华优秀传统文化是我们在世界文化激荡中站稳脚跟的根基”。①

在当代中国，现实生活中出现的种种乱象，包括腐败问题严重，社会道德风气不正，不少人因房产、遗产、拆迁补偿而对簿公堂，父子反目、手足成仇，种种失去道德底线的人和事，这是传统与当代问题面对的困境。这种困境其实在西方同样经历过，而且现在仍然在经历。否则就不会出现后

① 《习近平谈治国理政》，外文出版社 2014 年版，第 163—164 页。

现代思潮，也不会出现以亚洲价值观医治西方现代化之病的呼声。

改革开放以来，我们经历了深刻的社会变化，其中一个重要变化，就是由计划经济向市场经济转变。与此相随产生的就是面对市场经济，如何有效地调适传统文化和道德规范与当代的关系问题。市场经济有它不可替代的积极作用，在当代中国要发展生产力和解放生产力，必须实行市场经济。中国改革开放以来取得举世瞩目的成就，就与实行市场经济的改革相关，但市场经济也有它的消极面。市场经济是以货币为中介的经济。市场经济必然重视钱，一切交换都通过钱，一切都需要钱。像马克思在《1844 年经济学哲学手稿》中说的，货币作为普遍等价物必然会颠倒了一切价值关系。当代西方经济学家 W. 阿瑟 · 刘易斯在《经济增长理论》中也看到了由传统到当代面临的道德困境。他说："因为他们不再生活在一个义务以身份为基础的社会里，而进入了一个义务以契约为基础，而且一般又以与没有家庭关系的人的市场关系为基础的社会。这样，以前，一直是非常诚实的社会可能变得非常不诚实。"正因为这样，我们强调我们建立的市场经济是社会主义市场经济。社会主义这一定语不能是包装，而必须是实质，要以社会主义制度和原则来调适传统与当代之间的种种矛盾。

当然，社会主义市场经济也不能完全避免消极面，但不能因此而否定市场经济改革，回归原来的计划经济。这里涉及一个制与治的问题。制，是基本制度，治是治理能力和治理方式。社会主义市场经济是社会主义初级阶段资源配置得比较好的制度，但不见得我们就有依法管理市场经济的方法和能力。制与治不同。当年柳宗元在《封建论》中反驳一些否定秦始皇确立的中央集权的郡县制、主张回归分封制时说，“咎在人怨，非郡邑之制失也”。秦二世而亡不在制而在治，也就是说，导致秦二世而亡的原因，在于国家治理，即二世无道，实行暴政，而不在于中央集权和郡县制。中央集权和郡县制并不必然是暴政。同理，当前市场经济条件下出现的乱象，不在于实行社会主义市场经济制度，而在于治理，也就是必须有一套治理和管理市场经济的法律和道德规范。对市场导致的两极分化，对市场失信，各种市场乱象必须实行有效的治理。市场必须管，必须治。放任的市场经济，必然是两极分化，必然导致社会诚信缺失、道德败坏。治理市场经济与市场经济在资源配置中的决定作用并不矛盾。政府应该有政府的管理职能和治理规则，其中包括现代立法与社会主义道德教化。面对当代社会的深刻变化，我们必须适应新的历史条件，使传统文化与道德规范通过创造性转化和创新性发展能有效地化解传统与当代的矛盾，推动社会向前发展，而不能对建立在血缘关系和小农经济基础上的传统道德规范怀着一种温情的浪漫主义迷恋。这既不现实，也不可行。

第十讲

文化自信的本质与当代意义

◇ 文化自信：新时代的大问题

◇ 谁的自信：中国共产党和中华民族的自信

◇ 信什么：中国文化特有的精神标识

◇ 文化自信的使命：建立社会主义文化强国

有个学生问我：什么是文化自信，文化自信的主体是谁，信什么？我参观故宫看到的是琳琅满目的珍藏国宝，无非是展品；参观长城，巍峨雄伟，气势逼人，无非是旅游景点；参观国家图书馆，诸子百家，各种类书汗牛充栋，无非是藏书，放在书店就是文化商品，在课堂里就是课本。凡此种种与文化自信有什么关系？他深感困惑。

习近平总书记在十九大报告中提出要“引导人们树立正确的历史观、民族观、国家观、文化观”。① 这为我们从理论上阐明文化自信提供了重要指导。文化自信是对中华文化的历史起源、发展、精神特质和精髓的总体性判断，是秉持对中华文化的科学、礼敬、继承、创造性推进的基本立场和态度。只有坚持历史唯物主义文化观、立足于国家和民族的前途与命运高度才能理解文化自信问题，否则我们看到的只是

① 习近平：《决胜全面建成小康社会　夺取新时代中国特色社会主义伟大胜利——在中国共产党第十九次全国代表大会上的报告》，人民出版社2017年版，第43页。

文化的物质载体或各种文化具体的物化形态，彼此分离，一枝一叶，无法把握中国文化的内在总体精神和文化自信问题的当代价值。“不谋全局者，不足谋一域。”在文化自信的理解上也是这样。

一、文化自信：新时代的大问题

文化问题的研究具有时代性。不同时代提出什么样的文化问题是时代的反映。文化问题的研究，随着社会时代不同会提出不同的问题，而不同问题显出不同的时代特征。

如果说，斯宾格勒的《西方的没落》，反映的是对西方资本主义社会发展前途的失望，而亨廷顿的《文明冲突论》则是西方把由于向外扩张引发的矛盾转变为以文明冲突作辩护的政治需要；西方马克思主义和西方“新左派”对文化问题的研究，是由于无力为解决资本主义问题找到出路，聚焦于对西方资本主义发达工业社会的文化批判。在当代，文化成为一个世界热点问题是与资本主义工业化、城市化所引发的精神失衡相联系，与道德失范、审美价值失落、信仰缺失相关。总之，人们的精神处于一种饥渴状态，对人文精神的追求大大促进了文化的研究。在世界范围内，文化问题研究属于文化学范围，是文化学者们的任务。

西方不存在特别突出的文化自信问题。几百年来，西方一些发达资本主义国家处于强势地位，向外输出所谓西方文明，对它们来说，主要是存在文化自大和文化霸权。西方文明优越论和以救世主的姿态向外输出西方文明与文化殖民，是西方资本主义世界几百年中处于主导地位的文化观。虽然近些年也有学者写过关于西方文化衰落的著作，如美国学者阿瑟·赫尔曼的《文明衰落论——西方文化悲观主义的形成》，但只是对历史上几位哲学家关于西方文化衰落的叙述，跟文化自信问题没有特别直接的关联。

文化自信问题在当代中国之所以成为一个问题，既是基于近代先进的中国人在民族苦难和奋斗中民族自强和文化自觉的展示，又是当代中国面临的民族伟大复兴对文化自信和文化自觉的迫切需要；既是对全体中国人树立文化自强自信心的鼓舞，又是对当代一切否定中华民族文化的回击，包括百多年由于受侵略受压迫造成的某些人中残存的民族自卑情结的解扣。现在国内国外、网上网下都有些言论，贬低中华文化，否定中华民族的历史贡献，否定近代以来中国人民的奋斗史、歪曲中国共产党的历史、中华人民共和国历史，歪曲改革开放历史。对中国人民和中华民族的优秀文化和光荣历史，要加大正面宣传力度，增强做中国人的骨气。习近平总书记强调："坚定文化自信，是事关国运兴衰、事关文化安全、事关民族精神独立性的大问题"①。"大问题"这个提法是对文化自信问题在中国特色社会主义建设中所处重要地位的重大判断。

"四个自信"是习近平新时代中国特色社会主义思想的重要组成部分，是以习近平同志为核心的党中央擘画未来，绘制蓝图，为中国建成社会主义现代化强国，实现中华民族伟大复兴而奋斗的理论和精神支柱。尤其是其中的文化自信，由于文化的特殊本质和功能，发挥着更基础、更广泛、更深厚的作用，因而对道路自信、理论自信和制度自信具有文化和精神支撑作用，与坚持中国特色社会主义道路、理论、制度具有不可分割的内在联系，构成习近平新时代中国特色社会主义思想的重要组成部分。正如习近平总书记指出的："增强文化自觉和文化自信，是坚定道路自信、理论自信、制度自信的题中应有之义。"②

坚定文化自信，就是坚定民族的自尊、自强。中国现在已经不再像旧中国那样在世界政治舞台缺位，或扮演敬陪末

---

① 《习近平谈治国理政》第二卷，外文出版社 2017 年版，第 349 页。

② 《习近平关于全面建成小康社会论述摘编》，中央文献出版社 2016 年版，第 121 页。

座没有发言权的小媳妇角色，而是带着中国特色社会主义建设的伟大成就，带着构建人类命运共同体的主张，带着解决世界面临的问题的中国方案、建议和话语，自信地走向世界政治舞台的中心。离开十九大提出的主题，离开习近平新时代中国特色社会主义思想的总体构思，离开当代中国面对的意识形态领域中的斗争，我们就弄不清文化自信何以是大问题这一重大判断。

二、谁的自信：中国共产党和中华民族的自信

文化自信，当然不是文化的自我自信。文化并非主体，主体是人。在当代中国，文化自信的主体是中国共产党和中华民族。中国共产党是中国革命、社会主义建设、改革开放的领导者，也是中华优秀传统文化的继承者和创新者，是红色文化和社会主义先进文化的创建者。在当代中国，中国共产党代表社会主义先进文化的前进方向，离开中国共产党领导下的革命胜利，当然不可能有文化自信。

中国共产党是中国工人阶级的先锋队，同时是中国人民和中华民族的先锋队。中国共产党的自信是深深植根于我们民族的文化血脉之中的，是从人民的拥护和爱戴支持中吸取力量的。中国共产党的文化自信，同时是中华民族的自信和

中国人民的自信。文化自信的主体，是中国共产党、中国人民和中华民族的统一。其中，由于以马克思主义为指导，中国共产党的成立是中国开天辟地的大事，它是汇集了中华民族优秀儿女的有理论、有组织、有纪律，站在时代前列、引导时代潮流的政治集团，因而成为中华民族和中国人民的领导核心，是文化自信的主体。要问文化自信是谁的自信，首先是中国共产党人的自信。

当然，中国共产党的文化自信主体地位和中华民族作为文化自信主体地位是一致的。中国共产党人是中华民族的优秀儿女。没有中华民族的文化自信，就不可能孕育和培养中国共产党人的文化自信。文化具有地区性，不同地区有不同的地区文化；民族有民族文化，中国各个民族有自己的民族文化。地区文化，具有地区性，它的范围可以界定；各个民族文化具有鲜明的民族性，可以识别。但中华各民族有自己的共同的主体文化。中华民族文化不是各民族文化的叠加、总和，而是各民族文化长时期逐渐融合而成的占主导地位的文化，是既超越地区、超越民族又体现在地区文化和民族文化之中的中华各民族的共同的文化。因而中华民族共同文化也就是中华文化。习近平总书记指出："中华民族有着强大的文化创造力。每到重大历史关头，文化都能感国运之变化、立时代之潮头、发时代之先声，为亿万人民、为伟大祖国鼓与呼。"[①] 中国共产党的品格就代表了中华民族的不屈不挠、自强不息的民族品格。中国共产党人的文化自信就是凝聚并代表中华民族的文化自信。

文化自信不能离开国家。正确的文化观不能离开正确的国家观。国家对于共同文化的形成和认同至关重要。要形成和维护一个统一的中华民族文化，必然要有一个统一的而非分裂的国家。民族是文化的主体，而文化是民族的灵魂，中国各民族的生存和发展离不开统一而强大的国家保障。当一个国家被消灭或处于分裂时，它的文化发展也会中断。世界四大文明古国，只有中国文化没有中断，因为中国自古至今始终是中国。中国人是龙的传人。中国有过分裂，但统一是主导的。即使当时存在不同的民族政权，它仍然处于中国这个大的疆域之内，因而极容易统一，中华民族的文化保存和继承相对完好。历史证明，当国家分裂，文化发展的血脉就会中断，何谈文化自信！

当代中国的文化自信，同时是中国人民的文化自信。或许有人说，这是空话。你看近百年来中国人是一盘散沙，是用革命烈士的血蘸馒头治病的愚民，是围观看杀头的看客。不错，鲁迅先生曾经深刻批评这种国民劣根性，但他不是把

① 习近平:《在文艺工作座谈会上的讲话》，人民出版社 2015 年版，第 5 页。

批评矛头指向人民，而是批判旧的社会和旧的制度。鲁迅没有失去对中国人和中华民族的自信。他说过："我们自古以来，就有埋头苦干的人，有拼命硬干的人，有为民请命的人，有舍身求法的人……这就是中国的脊梁"。强调，中国并没失掉民族自信力。近代中国人的一盘散沙是统治者的"治绩"。中国近代表现的国民劣根性并非中国人本质特性，而是朝廷腐败和社会腐败的"治绩"。

中国共产党坚持历史唯物主义，始终坚持马克思主义的人民群众观点。"我们中国人是有骨气的。"毛泽东说："自从中国人学会了马克思列宁主义以后，中国人在精神上就由被动转入主动。从这时起，近代世界历史上那种看不起中国人，看不起中国文化的时代应当完结了。伟大的胜利的中国人民解放战争和人民大革命，已经复兴了并正在复兴着伟大的中国人民的文化。这种中国人民的文化，就其精神方面来说，已经超过了整个资本主义的世界。"① 不依靠人民，不以人民为中心，所谓中国共产党人的文化自信，就会是一句空话。

文化自信当然包含人数众多的与人民同呼吸共命运的知识分子和文化人的自信。各个文化专业领域的专家、学者、

① 《毛泽东选集》第 4 卷，人民出版社 1991 年版，第 1516 页。

非物质文化的创造者和传人都能从自己专业领域发现文化自信的历史根源和文化传统，也都能以自己的创造性贡献强化人民的文化自信。改革开放以来，尤其是党的十八大以来，中国学者和专家以一个拥有丰富文化传统和当代文化的文化自信大国学者参与世界的文化交流极为平常。可以预期，在世界文化学术论坛和文化交流中，中国学者会日渐增多。单面输入和接受的时代已经结束。中国学者广泛参与世界文化的交流，就是文化自信的一种表现。

当然，我们不能把文化自信问题只归结为文化人的自信。我们有些学者津津乐道民国时的学者如何如何，仿佛那时是中国文化的鼎盛时期，中国有着充分的文化自信。这是一种错误的历史观和文化观。毫无疑问，民国时期出现过一些有贡献的著名学者，中国人不会忘记他们的文化功绩和学术贡献。但是当时的中国，国势孱弱，文盲众多，是在国际上没有发言权的中国。如此中国，中国人的文化自信、中华民族的文化自信从何而来？仅仅靠少数文化名人，不可能撑起民族自信的大厦。

文化自信问题不仅属于文化，它与国家的强大、民族的独立不可分。在 20 世纪 30 年代，曾发生过中国文化的出路何在的争论，参加者主要是文化学者，无论是全盘西化论者还是中国文化本位主义者，都无法真正确立中国文化的自信。全盘西化论者固不用说，即使文化本土派也并未真正理解中华传统文化的精髓所在。在文化范围内争论中国文化出路和自信问题是不可能解决的。毛泽东在 1940 年撰写的《新民主主义论》，站在马克思主义文化观的高度，把文化问题与中国向何处去的问题，与中国出路联系在一起讨论。《新民主主义论》第一章开头提出的就是“中国向何处去”的问题，紧接着第二节的标题是“我们要建立一个新中国”。并且明确提出了中国文化的领导权和指导思想：这种文化“只能由无产阶级的文化思想即共产主义思想去领导，任何别的阶级的文化思想都是不能领导了的”①。中国向何处去的问题不解决，中国不获得解放，不建立社会主义制度，是不可能实现中华民族文化伟大复兴、重新树立民族文化自信的。

三、信什么：中国文化特有的精神标识

要坚定文化自信，不能只看到物，看到文化的载体，而要理解中华文化的深层内涵。无论是文物还是典籍，都只是文化的载体，文化的主体是人，而灵魂是载体中的内在精神。如果我们从故宫无数国宝的藏品中，从难以计数的中华

① 《毛泽东选集》第 2 卷，人民出版社 1991 年版，第 698 页。

优秀传统经典中，从万里长城和中国历朝种种巧夺天工的文物和建筑中，看不到其中蕴藏的中华民族的创造力，看不到其中蕴涵的中国精神、中国智慧、中国理念，当然无法理解为什么能从中获得树立文化自信的信心。因为文化自信，是对中国历史和无数经典中包含的丰富哲学智慧和政治智慧、丰富的历史经验和治国理政理念，从如此多的巧夺天工的文物中，体悟到经典中包含的作为独特标识的中国精神、中国智慧、中国理念，从物质文化的创造物中发现中华民族的创造力和生命力。

中华文化丰富的内涵和精髓，可不是走马观花式地参观、旅游，漫不经心地阅读能把握的，需要正确的文化观和理解水平。在艺术品市场的拍卖中，我们从艺术品市场对一幅字画、一件青铜器、一件名贵窑瓷的天价中，惊讶地看到它的商业价值，但不意味着懂得它的文化价值，更何况有能力把这些被拍卖的艺术品与文化自信联系在一起。马克思说过，“经营矿物的商人只看到矿物的商业价值，而看不到矿物的美和独特性”，“对于没有音乐感的耳朵来说，最美的音乐毫无意义”①。文化的本质和文化自信是建立在对中国文化载体中内在蕴藏的中国精神、中国智慧和中国理念的总体

① 《马克思恩格斯全集》第3卷，人民出版社2002年版，第305—306、305页。

性理解基础上的。它体现在中国物质文化和非物质文化中，贯穿于中华优秀传统文化、红色文化和社会主义先进文化之中。

为什么毛泽东在《中国革命和中国共产党》这样一本论述中国革命和中国共产党的书中要从中国历史开始，说“在中华民族的开化史上，有素称发达的农业和手工业，有许多伟大的思想家、科学家、发明家、政治家、军事家、文学家和艺术家，有丰富的文化典籍。在很早的时候，中国就有了指南针的发明。还在一千八百年前，已经发明了造纸法。在一千三百年前，已经发明了刻版印刷。在八百年前，更发明了活字印刷。火药的应用，也在欧洲人之前。所以，中国是世界文明发达最早的国家之一，中国已有了将近四千年的有文字可考的历史”①。毛泽东如此充满信心地重述中国历史、中国的文明发展史和文化发展史，为对中华民族做出卓越贡献的人物而自豪，就是因为中国的历史，中国的文明史、文化史、发明创造史和历史杰出人物，体现的是中华民族自强不息的奋斗精神、巨大的创造力和丰富的智慧。我们的先人能做到的，我们中国共产党人一定能做到，一定会不辱先人，继承这种精神，完成中国革命大业并继续建设一个美好

---

① 《毛泽东选集》第 2 卷，人民出版社 1991 年版，第 622—623 页。

的新中国。

传统是非常重要的。从个人来说，从生到死有一定的时间段，人人如此。唯独传统和内在于传统的伟大精神、智慧与理念没有时间段，它超越时间。你看，孔孟老庄已经逝世两千多年，唐宋八大家，李（白）、杜（甫）、王（维）、白（居易）、苏（轼）、辛（弃疾）、陆（游）、姜（白石）这些著名诗人词人，也都逝世千年以上，至于许多国宝的年代难以确定，都是古董。可文化并不会因为年代久远而丧失它的价值。其中承载的思想仍然在哺育一代代中国人，后人从阅读、诠释中理解其中蕴藏的精神、智慧和理念。流传至今的古代文物中保留的文化信息仍然存在，它的精美绝伦技艺和艺术精神仍然在向当代人传达我们祖先的智慧和创造力。现在不是在呼唤工匠精神吗，看看我们祖先制造的青铜器、四大名瓷，看看景泰蓝，看看种种光彩夺目、令人叹为观止的工艺制品，那才是真正的工匠精神。我想起了《庄子·知北游》中的“大马捶钩”的故事：“大马之捶钩者，年八十矣，而不失豪芒”，一生“于物无视也，非钩无察也”。庄子别有寓意，但就捶钩技术来说，也算是一种“精于一”的工匠精神。农业时代的工艺也许过时，但这种一丝不苟精益求精的精神，对处于工业化或后工业化时代的我们，仍然具有榜样作用。

有些人指摘马克思主义哲学是机械唯物主义，认为它不承认精神、思想和理念的作用，这不是误解就是有意曲解。马克思主义的唯物主义是辩证唯物主义，它主张社会存在决定社会意识，但高度重视社会意识的能动作用。马克思的名言："哲学把无产阶级当做自己的物质武器，同样，无产阶级也把哲学当做自己的精神武器"。[①] 你看，马克思承认精神是一种武器，承认思想的能量如闪电雷鸣。它一旦沁入人的心灵，就会发挥无比巨大的威力。在我看来，没有一种哲学比马克思主义哲学更重视人的主观能动性。不承认精神作用的"马克思主义"，是对马克思主义的嘲弄。中国古人都懂，"夫形者，生之舍也；气者，生之充也；神者，生之制也。一失位，则三者俱伤矣。""此三者，不可不慎守也"。[②]

有人说，现在我们不是已经全盘西化了吗，还讲什么中国的文化自信？我们穿西装、吃西餐，我们乘坐的飞机、高铁，使用的手机、电话等等，不都是源自西方吗？各个民族的文明从来都是相互影响的。我们可以说"胡化"，我们许多蔬菜水果源自当时的西域；我们也可以说，日本、韩国和越南汉化、唐化；也可以说，现在的西方正在中国化，因为我们的日用产品，包括具备技术含量的高端产品不断出口到

---

① 《马克思恩格斯选集》第 1 卷，人民出版社 2012 年版，第 16 页。

② 《淮南子 · 原道训》。

西方，到处可以看到“中国制造”甚至是“中国创造”。把文明的传播、相互引进借鉴和全盘西化混为一谈当然是错误的。全盘西化的本义不是指文明和文化的交流，而是指抛弃自己的民族文化传统和历史传统，企图变成另一个国家的翻版。这是不可能的。我们的改革开放让中国参与世界性交往，但中国仍然是中国，中国文化仍然是中国文化。

没有一个民族能完全抛弃自己的文化传统，因为文化融于血脉之中，成为民族的灵魂。我们的生活方式，我们的绘画，我们的文学艺术——总之，凡是中国人在灵魂深处都会有中国文化的胎记，中国人的创作不可能完全脱离中国传统的影响，都会在不同程度上保有我们文化的民族特色。当然，我们并不排斥西方文化，相反我们应该吸取西方优秀文化，但它不能改变中国文化的民族特色。毛泽东在与音乐工作者的谈话中用织帽子来比喻，说学外国织帽子的方法，要织中国的帽子。外国有用的东西，都要学到，用来改进和发扬中国的东西，创造中国独特的新东西。还说，应该越搞越中国化，而不是越搞越洋化。洋为中用，这是毛泽东的一贯主张。

文化自信当然包括对中国革命斗争中创造的红色文化的自信。红色文化和我们的实际生活，和实际斗争是紧紧结合在一起的。我们不是生活在古代中国，而是生活在现代中国。由于不存在时代的隔膜，它们用不着诠释、解读、争论、辨伪、考证，或各自立说，更容易为人民理解和接受。《红色家书》和《烈士诗抄》中一封封充满家国情怀的家书，一首首充满炽热革命激情的绝命诗，其中包含的杀身成仁、舍生取义、视死如归的精神，继承了中国传统文化中移孝作忠的爱国主义精神，更具有现实的教育意义。习近平总书记多次指出，“中国革命历史是最好的营养剂”①，“历史是最好的教科书”②，强调“要把红色资源利用好、把红色传统发扬好、把红色基因传承好”。③ 习近平总书记赞扬红船精神是中国革命精神之源：中国共产党历史上形成优良的革命精神，无不与之有着直接的渊源关系。无论是井冈山精神、长征精神、延安精神、西柏坡精神，都是红船精神的继续发扬。红船精神的核心就是革命精神，是共产主义的理想和信仰。

文化自信是不能断流的。在社会主义条件下，文化自信当然要更重视对社会主义先进文化的自信。它是植根于优秀传统文化，直接继承“红船精神”开辟的革命文化，又是基于中国社会主义建设实践的新的文化。社会主义社会是人类

---

① 习近平：《在党史学习教育动员大会上的讲话》，人民出版社 2021 年版，第 3 页。

② 《习近平谈治国理政》第四卷，外文出版社 2022 年版，第 287 页。

③ 《习近平在视察南京军区机关时强调　贯彻全军政治工作会议精神　扎实推进依法治军从严治军》，《人民日报》2014 年 12 月 16 日。

社会发展的新形态，人类历史从来没有出现过的社会形态。如果说，社会主义社会是人类社会发展的规律，是预示着人类发展的总方向，那社会主义文化就是一种更具先进性的文化，具有人类文化发展方向的导向性的文化。社会主义先进文化正在建设中。体现社会主义先进文化精神和社会主义核心价值观的模范人物、道德榜样，就在我们生活中。

如果要问文化自信究竟信的是什么？可以肯定地回答：信的是中华优秀传统文化内含的中国精神、中国智慧和中国理念，信的是红色文化中的革命精神和共产主义理想和信念，信的是把国家、社会和个人提升到以社会主义核心价值观为主导的社会主义文化的先进性。

四、文化自信的使命：建立社会主义文化强国

中国历史上本来就是文化古国、文化大国、文化强国。近百年的苦难和列强侵略掠夺，使中国国弱民穷、科学落后、文盲遍地，文明古国成为文化弱国。中国人民解放战争的胜利使中国人民站起来了，经过七十多年的社会主义建设和改革，中国迎来了富起来、强起来的新时代。

习近平总书记在十九大报告中强调要“不忘初心，牢记使命”。习近平总书记掷地有声的誓言，代表中国共产党为

中华民族伟大复兴而奋斗的决心，也代表了近百年来中国历史上为中华民族文化复兴而前仆后继、英勇牺牲的烈士的初心。中国共产党从来没有忘记自己的初心，没有忘记无数曾经为中华民族的复兴，为建立自由、民主、独立的强大中国而牺牲的烈士。矗立在天安门广场中心的人民英雄纪念碑上镌刻着的碑文，就是要子孙后代牢记为革命而牺牲的先烈的初心。

不忘初心，也是近百年来革命烈士头可断、血可流，永不动摇、奋斗到底的决心。我想起了秋瑾的咏梅诗："冰姿不怕雪霜侵，羞傍琼楼傍古岑。标格原因独立好，肯教富贵负初心？"秋瑾是为革命而牺牲的女中豪杰，她的初心就是推翻腐败的清政府，追求国家的自由和富强。秋瑾以自己在浙江绍兴轩亭口英勇就义，诠释了自己的不忘初心，也代表了一大批民主革命时期为中国革命牺牲的烈士的初心。

中国共产党不忘初心，牢记使命，实现中华民族伟大复兴，其中就包括中华民族文化的复兴，包括推动社会主义文化繁荣兴盛，建设文化大国、文化强国。没有文化的复兴，也就没有全面实现现代化，中华民族的复兴就会因缺乏精神和文化的支撑而后劲乏力。

推动社会主义文化繁荣兴盛，建设社会主义文化强国是一项非常困难而长期的任务。因为时代不同、条件不同、环境不同，发展面向现代化、面向世界、面向未来的，民族的科学的大众的社会主义文化，比毛泽东当年在《新民主主义论》中提出的文化建设任务更为艰巨。在一个国际交往频繁，各种文化碰撞和相互交融，思想多样、利益多样的当代中国，各个人文社会科学学科的构建，社会主义文学艺术的繁荣发展，用社会主义核心价值观培育全体人民尤其是青年一代，都需要长期坚持不懈。这个任务在一定意义上比其他建设更困难，因为它涉及的是人，而人的理想和信仰会遇到各种不同的价值观壁垒障碍。思想是个最微妙最难深入的领域，对有些人一定意义上可以说是个黑洞。这是个任何压力和强迫都无效的领域。文化领域是知识分子最为集中的领域。要讲究文化建设的领导方法，要贯彻党的知识分子政策和文化政策，要吸取过去的经验和教训，充分调动广大知识分子与文化工作者的积极性和爱国主义热情，使文化建设成为广大知识分子和文化工作者的一项自觉的任务。

文化建设不等同于意识形态建设，但其中确实存在意识形态问题。文化建设属于意识形态领域中的建设，不可能去意识形态化、去政治化、去中国化。文化建设，既要巩固马克思主义在意识形态领域的指导地位，坚持以马克思主义为指导，坚守中华文化立场，又需要立足当代现实，结合时代条件，创造出具有时代价值、反映人民愿望的高水平的文化产品。

文化的发展史犹如绵延的万里群山，其中有低谷有平原有高峰。文化名人和传世巨著的出现，并非累世能见。中国特色社会主义新时代应该创造条件以便培养更多的文化名人和出现更多的名篇巨著。只有群星灿烂、高峰迭起、蔚为壮观，才是一个拥有如此丰富文化遗产的中国应该有的文化大国文化强国的样子。建立一个文化繁荣兴盛的大国，其难度堪比建设一座精神的万里长城。

“长风破浪会有时，直挂云帆济沧海。”在推进社会主义文化繁荣兴盛、建设社会主义文化强国的过程中，一切有责任感、使命感的文化工作者，一定要不辜负我们的时代、不辜负我们的党、不辜负人民对我们的期待，以自己的作品推动文化自信走向更高层次。

第十一讲

筑牢文化自信的理论和现实基础

◇ 国家统一强大是文化传承连续性的根本保障

◇ 发展经济、优化制度是坚定文化自信的深厚基础

◇ 在守正创新中坚定文化自信

在当代中国，文化自信既不是源自文化哲学的理性思辨，更不是文化民粹主义的非理性狂躁。它与道路自信、理论自信、制度自信共同构成中国特色社会主义的“四个自信”。其中文化自信具有更基本深沉持久的精神支柱作用，但它同样离不开其他三个“自信”。改革开放已走过千山万水，仍须跋山涉水。随着世界百年未有之大变局的到来和国内改革开放的不断深化，中国特色社会主义事业不会风平浪静。道路之争、制度之争、理论之争，会如大海之波涛，时高时低，它会影响对“文化”的“自信”。故此，我们不能局限在文化领域阐述文化，而应该从历史的认知和中国特色社会主义的道路、理论、制度的伟大成就基础上阐述文化自信的历史渊源和现实根据。

一、国家统一强大是文化传承连续性的根本保障

水是生命之源，其实也是文明之源。世界上四大文明古

国都发祥于河流：两河流域的巴比伦文明、尼罗河流域的古埃及文明、印度河流域的古印度文明、黄河长江流域的中华文明。文明的产生与河流有关。河流可以不变，文明的发展却可以中断。并非所有古代文明的发展都是连续不断的过程。法国学者费尔南·布罗代尔曾引用另一学者的话说，“如果社会发生动荡和变革，建立在社会之上的文明也会发生动荡和变革”。除中华文明外的世界其他三大古文明都发生过文明连续性的中断。当统一国家发生分裂或遭遇强烈动荡时，历史的连续性会中断，文化同样会因国家分裂而碎片化，演化为不同国家的文化，对自己古代的文化只有历史学的回忆，而无现实的延续性。

在古代文明中只有中华民族的文化没有中断。它与地缘政治问题相关，但具有决定意义的是国家自身的统一和强大。古代中国，周围没有比中国更强大的敌国，因而没有因敌国入侵所引发的亡国和分裂。中国先秦时的中原侯国都是姬姓兄弟叔侄关系；后来在中原政权周围和边陲存在不同民族政权关系，它们不是现代意义的国与国的关系，而是不同的民族政权的关系。它们都处在后来逐步形成的中国的疆土范围之内，因而具有历史的双重性：从政治上说，它们是不同民族政权的关系，但从民族角度说，它们是正在形成中的中华民族这个大家族中的不同民族。

中国历史上曾经有少数民族入主中原建立王朝，但不是外国入侵，而是不同民族在不同时期处于统治地位的更替。中国仍然是中国，尽管存在着王朝的变化，但王朝变化是统治者的更换，新旧王朝之间仍然存在连续性和关联性。中国几千年历史中有王朝易姓和民族政权之间的战争，但没有因外国敌人入侵而产生的国家灭亡。中国内部不同政权的对峙，时间长短不一，最后仍然是统一。统一是中国历史的主流。正是在王朝更替中，各民族文化得到整合和融合，并逐步形成以儒学为主导的一体多元的中华民族文化。蒙古族建立的元朝、女真人建立的清朝仍然是中国历史发展中的一个阶段。“崖山之后无中国，明亡之后无华夏”，诚如有的学者所言，此实乃偏激之论。元史、清史仍然是中国历史，它们尊崇的文化仍然是中华民族文化。西域诸民族政权以及辽金西夏的历史仍然被记载在中国正史之中，属于中国历史的一部分。由此可见，保持国家统一，没有分裂成不同的独立国家；国家强大没有外国侵略者的占领，中华民族的主体文化必然会是统一的文化。当然在统一的国家中，各民族会有自己本民族文化，各地区有地域文化。它使中华民族的民族文化丰富多彩，而不是与主体文化脱钩、异道而行的另一种文化。中华文化是无侵略性的凝聚性的向心文化，它不断像雪球一样越滚越大、越聚越紧。世界上没有完全由同一种文化处于主导地位的两个不同国家。国家不同，主导文化就会不同；反之亦然。

中国共产党领导中国人民经过浴血奋斗，终于结束了国家混乱、军阀割据、帝国主义驻军和各自占据租界治外法权的局面。中国成为主权独立的国家。一个强大的统一的各民族团结的中华人民共和国，是确保中华民族的文化连续性不会发生中断的政治保障。新中国成立 70 多年，是中华民族更加繁荣的 70 多年，也是各民族文化更加繁荣并更丰富的 70 多年。一些外部势力处心积虑地企图分裂中国，企图把统一的中国分裂为几大块，我们应该高度警惕。分裂中国，就是灭亡中国。中国的分裂，同时也就是中华民族五千年历史和文化的连续性中断与碎片化。任何一个真正热爱中华民族文化的人，必定同时是一个真正的爱国主义者。反之亦然。强大而团结的中华人民共和国是我们“文化自信”的国家保障。

中国从 1840 年后屡遭强敌侵略。国家风雨飘摇、生灵涂炭、民不聊生，人民生活在水深火热之中，文化自信受到极大伤害。有人说这是“打悲情牌”。这种说法是完全错误的。我们可以忘记历史上的仇恨，但不能没有历史的记忆和耻辱感。悲情是乞求怜悯和同情，或煽起民粹主义情绪，而历史的耻辱感是点燃爱国心、激起奋发图强心的火把。马克思非常重视一个民族的耻辱感。他说过："如果整个国家真正感到了耻辱，那它就会像一只蜷伏下来的狮子，准备向前扑去。"① 因历史恩怨而排外是民粹主义，深感历史上曾经落后挨打的耻辱而奋发图强是爱国心。中国由睡狮到醒狮的转变正是基于全民族强烈的爱国之心。习近平总书记在主持召开学校思想政治理论课教师座谈会上的重要讲话中强调要"厚植爱国主义情怀，把爱国情、强国志、报国行自觉融入坚持和发展中国特色社会主义事业、建设社会主义现代化强国、实现中华民族伟大复兴的奋斗之中"②。这是中国历史和近百年历史教训的总结，也是我们对新中国成立 70 多年所取得的国家成就拥有民族自豪感和文化自信的根据。

二、发展经济、优化制度是坚定文化自信的深厚基础

马克思主义用唯物史观看待文化，把文化看成是由生产方式决定的观念形态的东西。一个社会的文化，是与特定社会的经济、政治相关联的。占主导地位的文化性质，是由占主导地位的经济和政治状况决定的。物质生产方式制约着精

---

① 《马克思恩格斯全集》第 1 卷，人民出版社 1956 年版，第 407 页。

② 习近平：《思政课是落实立德树人根本任务的关键课程》，人民出版社 2020 年版，第 7 页。

神生产。从事精神生产的人，生活在一定的社会形态之中，他们不可能越出自己社会许可的范围之外创造自己的文化。尽管影响文化的因素是多种多样的，文化与经济和政治的联系会由于许多中间环节而变得模糊，但物质资料生产方式在精神生产中的最终决定作用，政治制度对文化发展有或推进或阻碍的作用是确定无疑的。

在前资本主义社会，中国是世界上农业最发达的国家之一。中国传统文化的高度发达和丰富多彩，与中国历史上农业经济发展成熟和手工业高度发达密不可分。毛泽东在《中国革命和中国共产党》一文中强调："在中华民族的开化史上，有素称发达的农业和手工业，有许多伟大的思想家、科学家、发明家、政治家、军事家、文学家和艺术家，有丰富的文化典籍。"① 中国历史上封建社会的农业生产方式的成熟和农业手工业的高度发达，是中国文化和文明得以高度发达的经济基础。中国发达的传统文化是不可能建立在极其贫穷落后的经济之上的。

中国的封建制度也有其特殊性。从秦始皇"奋六世之余烈，振长策而御宇内，吞二周而亡诸侯，履至尊而制六合"② 建立秦王朝后，废除封邦建国的旧制度，实行中央集

① 《毛泽东选集》第 2 卷，人民出版社 1991 年版，第 622 页。

② （汉）贾谊:《过秦论》。

权的郡县制，国家官员由中央任命，书同文、车同轨，使中国成为统一的国度，而不是众多诸侯国的集合。大一统的观念从制度上得到保障。柳宗元在《封建论》中为郡县制辩护，驳斥因秦二世而亡否定郡县制改革的历史意义，指出“咎在人怨，非郡邑之制失也”。并以汉代恢复分封制度的弊端为教训：“汉有天下，矫秦之枉，徇周之制，剖海内而立宗子，封功臣”，结果酿成吴楚七国之乱。柳宗元的结论是，“秦制之得亦以明矣。继汉而帝者，虽百代可知也”。自此以后，中国历史上中央集权的郡县设置名称可以不同，地域划分可以变更，官吏设置可以改变，但没有再回归废除郡县、封邦建国的旧制度。中国历史上改朝换代、王朝易姓颇为常见，主要是因为封建社会的基本矛盾激化，土地兼并，富者良田阡陌，贫者无立锥之地，政治腐败，苛捐杂税而引起的人民的反抗。

中国历史具有的连续性并没有因王朝易姓而断裂，文化传统的连续性也没有中断。中央集权的郡县制是王朝更替后自我修复的重要机制。中国官员的升迁选拔制度经过演变也在不断优化。从隋唐后破除门阀制，确立科举制，层层考试，为中下层地主子弟甚至寒门学子开辟了一条跻身统治阶层的道路。宰相起于州部、猛士起于卒伍的人才培养和官吏选拔具有更大的可选择性空间。科举制推动文化重心的下移，读书不再仅限于名门望族，这对文化的传播起到极大的推动作用。

习近平总书记说："历史是最好的教科书，也是最好的清醒剂。"① 我们清楚地认识到，中国封建社会是君主专制的社会，本质上是人治而非法治，它是中国历史进程中的一个阶段，具有其不可避免的历史局限性。社会主义中国决不会无分别地接受适合封建君主专制制度的东西，从制度到思想都是如此。社会主义在反对资本主义自由化的同时，也注意反对封建主义思想的遗毒。但中国封建社会的历史并非一片黑暗，我们的先辈为后世子孙积累了不少可供继承的东西。无论是中央集权的郡县制的国家体制的建构，还是人才选拔中强调选贤与能、制度化的官吏监督制度，都有可供借鉴之处。在中国共产党领导下，新中国成立 70 多年来，我们以马克思主义和马克思主义中国化的理论为指导，确立了中国共产党领导的多党合作和政治协商制度、民族区域自治制度以及基层群众自治制度，并根据中国历史经验和基本国情逐步找到了一条不同于西方资本主义现代化的社会主义现代化道路，即中国特色社会主义道路。中国是依靠自力更生，依靠中国人民的智慧、努力和艰苦奋斗实现和平发展的。毫无

① 《习近平谈治国理政》第四卷，外文出版社 2022 年版，第 287 页。

疑义，通过改革开放批判借鉴西方现代化的经验和教训，学习西方发达国家的先进科学技术也发挥了重要作用，今后我们仍然要学习西方发达国家的先进科学技术。

新中国成立 70 多年来，我们在中国道路、理论和制度建设取得伟大成就基础上，重建了由于近百年惨痛历史而遭贬损的文化自信力。中国人民的精神得到空前解放。我们当然不会满足已有的成就。中国道路符合中国国情，但这条道路并不平坦，我们仍然有不少未知领域，有不少未知规律需要掌握，需要进一步总结经验；我们也知道一个比较成熟的具有中国特色的社会主义国家制度仍然在继续完善中；中国特色社会主义理论同样要与时俱进。我们并不认为我们不存在任何社会问题。重要的是以习近平同志为核心的党中央正视问题，而且正在逐步解决面对的问题。判断一个社会的优劣并不是有没有问题，而是是否解决问题，按照谁的利益解决问题。中国在发展，中国在崛起，这是任何势力都无法阻挡的。

三、在守正创新中坚定文化自信

牢固树立文化自信，必须坚持“守正创新”。

守正，最核心的内容是要坚持马克思主义在意识形态的指导地位，坚持中国共产党对文化工作的绝对领导，坚决贯彻中国共产党制定的文化政策。我们的各级意识形态主管部门都要坚定贯彻落实党的路线和方针政策，自觉认识到自己在意识形态领域中肩负的守正创新的责任，反对任何官僚主义和形式主义。只管发文件而不管检查落实的官僚主义，只管热热闹闹做表面文章而不管实效的形式主义，都有百害而无一利。

守正，既要求各级意识形态主管部门的领导有守正的坚定性，也要求有政策观念和领导艺术。意识形态领域是知识分子，包括高级知识分子最为集中的领域。知识分子由于职业和工作方式的特点，最看重的是“自我创造”，最倾心的追求是“学术自由”“创作自由”和人格的“独立和尊严”。我们应该理解这种要求的正当性和合理性。但又不能任凭错误思潮在这种正当要求掩盖下沉渣泛起。“左”掩盖下的右，和右掩盖下的“左”，一种倾向掩盖另一种倾向，在意识形态领域并不罕见。这要考验领导者的水平和领导艺术。意识形态部门的工作不是一种单纯的行政工作，而是思想工作，是做人的工作。既要尊重知识分子，满足知识分子的合理要求，充分调动其积极性，繁荣发展中国的哲学社会科学和文学艺术，又要正确引领，对错误思潮开展严肃的批评教育和斗争。“宽”与“严”、“紧”与“松”，这是意识形态领域中的一个多种矛盾结成的“扣”，要使这个“扣”不变成“死结”，必须讲究领导艺术，既有原则性又有灵活性。缺乏灵活性，则妨碍发挥思想创造性，无助于哲学社会科学和文学艺术的发展；放任自流，让各种错误思潮自由传播，就会危及文化安全，从而危及我们的社会主义制度。

要区分政治问题和学术问题。学术观点应该提倡“双百”方针。对在课堂上挑战“四项基本原则”的观点应该进行批评、教育和坚决斗争。现在高校“告密”和“告密者”成为少数人炒作的热词。面对几十、几百人的课堂本无密可言。课堂本不是教员的私人领地，而是面对学生教书育人的公共空间。如果有的学生对教员的讲课内容有不同看法，可以向老师提出，或者以不同的方式向院系或学校反应。教师有教师的权利，学生也有学生的权利。如果说，不管大是大非，学生只有一律照单全收保持沉默，不能有不同的看法，这种要求极不合理。“告密”“告密者”历来为人所不齿，这个称号最容易丑化学生，并最容易激发对所谓纵容学生告密制度的痛恨。我想起了黑格尔的哲学短文《谁在抽象思维》，说贩卖臭鸡蛋的小贩完全不提臭鸡蛋而从头到脚编排顾客的不是。用“告密”“告密者”称呼反映问题的学生，而有些评论者也以谴责学生和学校来凸显自己占领道德制高点。甚至有人危言耸听，说高校教师是“高危职业”“人人自危”，给人一种唯恐天下不乱的感觉，实在令人生疑。我真诚希望维护正常的教学秩序，培养风清气正的教风和学风。老师认真传道授业解惑，学生尊师重教，建立和谐的师生关系。

既要守正，还要创新。关于文化创新的规律，毛泽东提出了六字箴言：继承、借鉴、创造。“我们必须继承一切优秀的文学艺术遗产，批判地吸收其中一切有益的东西，作为我们从此时此地的人民生活中的文学艺术原料创造作品时候的借鉴。有这个借鉴和没有这个借鉴是不同的，这里有文野之分，粗细之分，高低之分，快慢之分。所以我们决不可拒绝继承和借鉴古人和外国人，哪怕是封建阶级和资产阶级的东西。但是继承和借鉴决不可以变成替代自己的创造，这是决不能替代的。”① 毛泽东讲的是文学艺术，但它对人文社会科学具有普遍的适用性。

文化创新必须基于继承和传承。在空地上可以建筑大楼，在文化废墟上不可能创新和发展文化。魏征在《谏太宗十思疏》中说，“求木之长者，必固其根本；欲流之远者，必浚其泉源”。固本培元，则根深叶茂；浚源疏河，则源远流长。我们只要懂得中国的文化发展史，就会信心百倍。因为我们的祖先确实为我们留下了丰富的思想遗产，而且在历

① 《毛泽东选集》第 3 卷，人民出版社 1991 年版，第 860 页。

代传承中得到创新发展。

继承中国传统文化，往往会碰到拦路虎说中国封建社会的思想是封建的，不能继承。关于这个问题，毛泽东有过回答，封建社会的东西并不等于都是封建的东西，其中有不少包含人民性的东西，即使是封建的东西也要分析。我们只要读读屈原的《离骚》中的“长太息以掩涕兮，哀民生之多艰”；柳宗元在《送薛存义之任序》中，痛斥官吏，为百姓鸣不平；黄宗羲在《原君》中直指皇帝为“独夫”，矛头直指君主专制。这些深刻的思想，至今仍然闪闪发光。

在哲学的创新中，这种误解更多。有些学者认为坚持马克思主义的基本观点会冲淡中国传统文化的丰富性和合理性，特别在中国哲学领域最忌讳最厌烦的是唯物主义与唯心主义区分。例如，他们不愿意承认王阳明“心学本体论”中包含某些唯心主义成分。因为他们有个传统看法，如果承认唯心主义成分就是对它的否定。王阳明的“人心是天渊，心之本体无所不该”，致良知就是将此障碍窒塞一齐去尽，回复本心。王阳明的“知行合一”是“致良知”，是回归本心的途径。冯友兰先生也说，宋明理学中有三派：气学是唯物主义，理学和心学是唯心主义。唯心主义不能简单等同于错误，按列宁的标准，阳明心学属于聪明的唯心主义。它继承中国儒学道德伦理特性，强调“除私去蔽”“回归本心”，反对私欲窒心，失去做人的本分。这对道德培养、道德自律有积极意义。现在的“阳明心学热”，从道德修养角度来说有可取之处，因为当代人的物欲和功利主义太重，轻视道德修养，宣传“阳明心学”有正心诚意补错纠偏之功。正是在这个意义上，习近平总书记把共产党人的党性修养称之为“共产党人的心学”，强调“知行合一”。但与王阳明强调的回归本心，向内用力不同，共产党人的知行合一就是理论与实践的统一，是认识世界和改造世界的统一，是共产主义的理想信念与自己行为的统一。社会主义核心价值观的培育不能脱离中国特色社会主义实践，不是回归本心发现固有的良知，而是要接受理想和信念的教育与培养，并且在实践中经受考验。习近平总书记在中央党校（国家行政学院）中青年干部培训班开班式上发表重要讲话时强调：“广大干部特别是年轻干部要在常学常新中加强理论修养，在真学真信中坚定理想信念，在学思践悟中牢记初心使命，在细照笃行中不断修炼自我，在知行合一中主动担当作为，保持对党的忠诚心、对人民的感恩心、对事业的进取心、对法纪的敬畏心，做到信念坚、政治强、本领高、作风硬。”① 在我看来，这是对“阳明心学”的合理吸取和改造，也可以看作是对中华优秀

① 《习近平谈治国理政》第三卷，外文出版社 2020 年版，第 518 页。

传统文化进行创造性转化和创新性发展的一个范例。我们对中国传统文化最重要的是在继承基础上进行创造性转化和创新性发展，而不是简单附会和类比。这是一项重要而极具学术性的工作。

要创新，必须反对文化民粹主义。中华民族是爱好和平的民族。我们不主张“东方文化优秀”论，更不会搞“中国中心”论。我们不会重复明清曾经发生过的拒绝西方文明的无奈和错误。事实上，改革开放40多年，中国介绍西方的文化远远超过西方介绍中国的文化。中国人对西方的了解也远远超过西方一些人对中国的了解。在全面深化改革开放中，我们还将通过文化交流吸收借鉴人类文明优秀成果。我们派遣的留学生之多也是世界上少有的。我们主张世界文化多样性，提倡文化交流互鉴，反对“文明冲突”论。我们的“一带一路”倡议就不仅是经济合作共同发展，而且也是一种文化交流的最好渠道。我们相信，在文化交流互鉴中批判借鉴世界其他文化的有益成果对于我们的创新是有价值的。

当然，在处理本土文化和外来文化关系上不可能是简单的拿来主义。我们对外来文化的吸收与传播，取决于两个因素：一个是外来文化优秀性，一个是我们社会的需要和可接受性。社会文化需求与人的营养需要一样，都是吸取有利于自身健康的因素。当中国儒家文化处于主导地位时，在汉代开始印度佛教传入并在唐代达到高潮。儒学入世情结深，佛教的传入有其社会需要，尤其是对那些功名失意的士大夫和官海浮沉的官僚阶层，比较有吸引力，也最易被他们所接纳。到近代，中国最缺少的是科学技术，西学为用的思想最易接受，但科学与民主的思想与中国封建制度难以契合。在中国解决道路和根本制度问题之前，中国首先需要解决的是如何推翻旧的制度，寻找一条新道路，即中国向何处去的问题。这就是为什么马克思主义在中国的传播比五四新文化运动倡导的科学民主，对先进的革命知识分子更具有吸引力的原因。尽管别的什么主义也曾在中国传播，但都是雨打梨花，好景不长。社会需要是文化吸收的过滤器，不经过社会这个过滤器，文化的传播只能是暂时的，更不用说生根发芽。马克思主义之所以生根发芽，并实现马克思主义中国化，其原因正在于此。正是有了马克思主义在中国的广泛传播，才有了中国共产党成立和中国革命的胜利，才使科学技术得到迅猛发展，才使社会主义民主在新的制度下得以生根发芽，并且随着中国道路和制度建设不断完善得到新的更大发展。

要守正创新必须坚决贯彻以人民为中心的原则。坚持以人民为中心是守正，因为人民是历史创造者，是社会主义社会的主人，这是马克思主义的基本观点。背离这个原则，守正无从谈起。同时，以人民为中心又是创新的动力和源泉。中国文化的创新，包括哲学社会科学和文学艺术，脱离人民，自拉自唱，终究走不出房门，至多是在自己的小圈子里，或者微信群里相互点赞。

文化上无知、无助，这是一些人对人民群众在文化领域中作用的看法。这种看法当然是错误的。无论古今中外，伟大思想家、文学家、艺术家对文化的个人贡献值得我们尊敬。但是人民生活是一切思想文化的源泉，没有人民的实践和他们在实践中积累的智慧，也就不可能有伟大的文化产品。马克思说："哲学家并不像蘑菇那样是从地里冒出来的，他们是自己的时代、自己的人民的产物，人民的最美好、最珍贵、最隐蔽的精髓都汇集在哲学思想里。"① 马克思关于哲学所说的话适用于作为观念形态的思想文化。"最美好、最珍贵、最隐蔽的精髓"就存在于人民的普通的日常生活或激烈的斗争生活中，存在于生活中的真善美与假丑恶的斗争中。只是这个"最美好、最珍贵、最隐蔽的精髓"并非人人可见、人人能见。哲学家、思想家、文学家之所以是哲学家、思想家、文学家，正在于他们有善于思维的哲学头脑，有善于捕捉生活之美的审美眼光。他们越是深入人民生活，

① 《马克思恩格斯全集》第 1 卷，人民出版社 1995 年版，第 219—220 页。

越是能发现别人看不到体会不到的人民生活中的“最美好、最珍贵、最隐蔽的精髓”。看到人民的伟大才能成就他自身的伟大，人民性可以说是一切思想文学艺术的通灵宝玉，得之者生，失之者死。

在文化领域，人民大众不只是生活的源泉，不只是从根本立场和价值观上决定文化产品的优劣高低，事实上，人民同样是文化创造的参与者。他们虽然不是传世的文化典籍的作者，但在物质和非物质文化领域，普通的人民群众往往占有最突出的主导地位。精美的石雕、木塑、泥塑，各种传统的工艺、手艺，给人类文化留下了许多珍贵的瑰宝。他们是没有留下姓名的木匠、石匠、泥瓦匠、裱匠、绣工、织工手艺人。我们引以为豪的敦煌石窟、龙门石窟，以及隐藏于天下名山中的许多寺庙建筑、江南园林，其建造者大多是普通的劳动者。我们不仅要牢记那些著名思想家和他们留下的经典，我们同样要记住那些生活在底层对人类文化作出贡献的无名无姓的普通百工技艺人。我们的故宫博物院中，除了名人字画外，还有作为国宝的青铜和各种名窑瓷器，一般没有人知道制作者是谁。在人类文化领域，如果我们排除非物质文化遗产就不可能构成人类的文化。而在这一领域中大多是民间的高手名匠，只要读读柳宗元的《种树郭橐驼传》《梓人传》都能明白这个道理。“高手在民间”，这是在研究文化自信时决不应该忘记的。

在移动互联网时代，守正创新当然包括传播渠道和方式的创新。在当代，传播方式的快捷、便利，受众之多是前所未有的。如果主流意识形态不能掌握新媒体，而是拱手让出这个重要阵地，将会使主流意识形态的传播陷入前所未有的困境。

四、结语

我们为新中国成立 70 多年所取得举世瞩目的成就感到骄傲。行百里者半九十。我们深知实现中华民族伟大复兴还要面对许多需要解决的老问题和新问题。在前进道路上出现黑天鹅事件、灰犀牛事件都不足为怪。我们既要有忧患意识，又要保持战略定力。社会主义制度的建立不是一次普通的革命，不是王朝更替，也不是西方的政党轮替，而是人类历史上一次社会形态的变革。困难之多，不难想见。世界资本主义从诞生到资本主义制度的逐步建立和完善，历经几百年。资本主义作为取代封建社会的社会制度，对人类社会生产力的发展，对科学技术的推进，对新型政治制度的建立作出过贡献。至今某些资本主义国家在很多科学技术领域仍然处于领先地位。社会主义中国成立才 70 多年，改革开放也才 40 多年，我们为获得的成就自豪，但要建立一个成熟的发达的社会主义社会，仍需全党全国各族人民团结奋斗。

“自信人生二百年，会当水击三千里”。中国人民不会忘记中国历史上的辉煌，不会忘记中华民族曾经的苦难和牺牲的无数先烈。“不忘初心，牢记使命”。实现中华民族伟大复兴，是中国人民的百年梦想，寄托着中国 14 亿人民的热切期待，也是真正筑牢文化自信的理论和现实基础。

第十二讲

历史唯物主义与中国道路

◇ 中国道路与中国方案

◇ 中国道路之争

◇ 中国道路的文化自信

中国道路问题，是最为世人关注的大问题。中国选择什么道路，中国向何处去，不仅关系到中华民族的命运和全体中国人民的切身利益，也会改变世界政治格局和大国之间的力量消长。“中国威胁”论、“中国经济崩溃”论等，本质上都是以话语形态出现的包含对中国道路取得的伟大成就的焦虑和恐惧。

一、中国道路与中国方案

中国道路，就其一般意义而言，包括中国革命、建设、改革所经历的全过程。对过去来说，是中国的革命和社会主义建设历史；对现实而言，它就是中国当代的社会主义实践；对未来而言，它就是中国为之奋斗的实现“两个一百年”奋斗目标和中华民族伟大复兴，最终实现共产主义。作为一个整体，它就是中国共产党领导中国人民革命和建设的实践历史过程。中国共产党一百多年来走过的道路，内蕴着中国共产党人的文化自信，其深层本质是对共产党执政规律、社会主义建设规律、人类社会发展规律的把握。

笔者以为，中国道路的提法或许比中国模式的提法更确切，更符合马克思主义哲学的本意。模式的提法难以表达出中国特色社会主义道路的本质。从语意来说，模式是成型的、静态的、稳定的。用在国家发展上，模式具有排斥性，把自己国家的发展视为不同于其他国家的唯一的最具优越性的发展方式，或者认为自己国家的发展模式具有普适性，可以为其他国家提供一个现成的发展范式，如同制作糕点的模型，全部糕点都是从一个模子里制作出来的。无论在何种意义上，模式论都不太适用于中国特色社会主义道路。

从历史唯物主义角度看，各国有不同的发展道路，没有放之四海而皆准的发展模式，更没有唯一的模式。西方发展道路是由西方国家自己的历史和文化决定的，而不是为世界提供模式，也不可能提供模式。中国推行改革开放，表明中国共产党愿意学习世界各国尤其是西方发达资本主义国家的经验，但是中国不会照搬西方发展的模式。习近平总书记说过，“我们要虚心学习借鉴人类社会创造的一切文明成果，但我们不能数典忘祖，不能照抄照搬别国的发展模式”①，

① 《习近平谈治国理政》，外文出版社 2014 年版，第 30 页。

“不能企图用一种模式来改造整个世界”①。

历史唯物主义是社会形态发展论，而不是社会发展模式论。中国特色社会主义道路，不是从天上掉下来的，而是中国人民在中国共产党领导下走出来的。从整个中国历史来说，中国特色社会主义是在对中华民族几千年文明和文化的传承中得出来的；从近代史说，它是从 1840 年以来中国人民为民族复兴而奋斗、而牺牲、而不断遭受挫折的苦难经验和教训中总结出来的。道路是纵向的，它与自己国家过去的历史特点和文化特点不可分割。没有中国历史的发展，没有中国文化的积累，就没有中国特有的发展道路。

道路的特点是实践，而不是仿效制作，照葫芦画瓢。中国道路就是中国人的实践，不实践就不是道路，也没有道路。当然，在中国特色社会主义建设中，我们可以有规划、有顶层设计、有“两个一百年”要达到的目标、有中华民族伟大复兴的目标，但目标不等于道路。目标只是道路的重要部分，是道路的指向和要达到的站点。至于如何到达这个站点，怎么走，就是道路问题。可以大胆地说，按照历史辩证法，我们不可能详细地绘制一个不需要修改、不需要完善、

① 《习近平谈治国理政》第二卷，外文出版社 2017 年版，第 340 页。

不需要调整的中国道路规划图，而是应该根据实际情况不断调整。这就是顶层设计与摸着石头过河的两者结合。因此，中国道路不是固定模式，它包括弯路、包括曲折，甚至会碰到岔路。中国特色社会主义道路不是定型的，而是未完成式，现在仍在继续走。一句话，中国道路是实践过程，它为人类对更好的社会制度的探索提供的是中国方案，而不是一个现成的模式。

改革开放几十年来，在中国道路上我们取得了伟大的成就，也遇到不少问题。其中有一些是有违改革初衷、未曾料到的新问题，正在采取措施逐步解决。社会主义建设是有规律可循的，我们会有盲区，会有没有掌握的新的规律。我们还要不断摸索、不断总结。改革初始，邓小平提出以经济建设为中心，重点是放在解放生产力、发展生产力上，为此提出发展是硬道理的著名论断。在改革实践过程中，中国共产党人继续推进发展是硬道理的原则，提出了科学发展观，再发展到现在的创新、协调、绿色、开放、共享的新发展理念；从开始的一部分人先富起来，发展到现在强调共同富裕，强调依法治国，强调公平、正义，这都是从几十年一步一步改革经验积累中走过来的。改革开放以来的经验证明，中国特色社会主义道路是在实践中不断完善的。这个过程并没有结束，中国道路有明确的方向，通过深入探讨什么是社会主义，怎样建设社会主义；建设什么样的党，怎样建设党；实现什么样的发展，怎样发展这些有关道路的根本性理论问题，提高了我们的理论自觉性，为制定各项方针政策，推进各项工作提供了科学指导。

中国方案的提出，有重要理论和实践意义。中国方案，就存在于中国道路之中。没有中国道路就不会有中国方案。提不出中国方案，中国道路就会变成一句空话。或许有人说，只有中国模式才有世界意义，而中国道路没有世界意义。这不符合历史唯物主义观点。模式提供的是模具。我们反对西方推行的普世价值观，就是反对他们对自由、民主、人权的解释的话语霸权，反对它们把西方的资本主义民主制度模式化。其实，各个国家需要的是符合自己国情和文化特点的自由、民主和人权制度。当然，我们可以学习它们的优点，吸收西方的积极成果，但我们有自己的发展道路和方案，而不是成为从西方模具中复制出来的仿制品。

中国道路，既是具有中国特色的中国之路，又是具有世界意义的中国之路。讲它是中国特色之路，是因为它具有中国的历史特点、民族特点、文化特点；讲它又是具有世界意义的中国之路，是因为它向人类提供了不同于西方发展道路的中国方案。这个方案向世界表明，一个近百年来受列强压迫和侵略的民族，一个曾经落后于西方发达国家的民族，完全可以依靠自己的力量，建立与自己民族特点相符合的制度和发展道路，走上民族伟大复兴之路。

资本主义社会并不是人间天堂，资本主义的经济和政治制度也不是人类社会发展唯一之路，资本主义的价值观念并非人人必须奉为圭臬的绝对价值。在当代，各国的发展，完全可以有不同的方案。这正是西方某些资本主义国家拼命遏制中国和平发展的原因。因为中国的崛起意味着中国方案的成功；而中国方案的成功，意味着在当代可以有另一条通向自己国家和民族的复兴之路，而不必接受西方兜售的资本主义制度优越论和永世论的灵丹妙药。中国方案是马克思主义同中国具体实际和中华优秀传统文化的结合，它的影响力和说服力，是中国对世界的贡献。正因如此，西方一些国家千方百计对中国道路进行抹黑，并将之视为对“自由世界”道路的背离。

二、中国道路之争

方向决定道路，道路决定命运。在中国，不同道路之争，其深层体现为不同文化之争。中国应该走什么样的道路，其争论由来已久，并非现在才出现。早在 20 世纪二三十年代中国共产党成立以后就存在。这就是中国共产党主张的在中国进行革命的道路、文化保守主义主张的中国文化本位主义、一些人倡导的全盘西化的资本主义道路。1949年中国革命的胜利，从实践上对这个问题做了总结，而毛泽东的《论人民民主专政》一文，对这个问题从理论上做了概括。本来，在中国革命胜利之后的前30年，这个争论已经沉寂。但随着改革开放后中国总结“文化大革命”经验教训，随着重新正确理解中国传统文化，随着经济全球化后西方新自由主义思潮的涌入，关于中国道路的争论再度兴起。但现在各自的立论与表现，与中国革命胜利之前的20世纪二三十年代的文化保守主义和全盘西化论相比，具有新的时代特点和理论支撑。这个理论支撑的文化特点可以概括为三个“化”，即：中国特色社会主义道路的核心是“马克思主义中国化”；回归传统，回归儒学，重塑中国社会主义和中国共产党的核心是“儒化”；回归人类，回归世界的核心是“西化”。如果不站在历史唯物主义高度把握这三个“化”的本质，就会在中国特色道路问题上缺乏文化自信。

有人提出要中国走世界人类文明发展的共同道路，走世界文明之路。在他们看来，以希伯来犹太教和古希腊哲学为源头的西方文化，是最优秀的文化；西方的道路是世界的普遍道路。中国特色社会主义道路是脱离世界文明，是沿袭自秦始皇以来中国封建社会的专制主义之路，是自外于世界潮流的道路。无论在国际国内，这种说法都时有所闻。这种说法完全暴露了西方普世价值论的政治底牌。资本主义道路怎么就是世界文明之路，就是人类世界共同道路呢？以历史唯物主义观点看，西方文化只是文化中的一种，资本主义道路只是人类社会发展过程的一个重要阶段。资本主义的确为人类作出了比以往任何时代都巨大的贡献，但又同时为自己挖掘了坟墓。资本主义社会是文明与野蛮、光明与黑暗并存的社会。马克思和恩格斯在《共产党宣言》中以热情洋溢的赞美笔调肯定了资本主义的成就，但同时又毫不留情地判处了它的死刑，敲响了资本主义的丧钟，指出资本主义社会的过渡性。资本主义社会的出现和发展包括在人类社会发展规律之中，但绝不代表人类的美好理想，并不是人类社会发展的普遍规律。

什么是人类的共同道路，什么是人类社会发展的普遍规律？从历史远景来说，不是少数人富裕的资本主义，而是公平、正义、共富、和谐的社会主义和共产主义。相对于人类存在数千年的阶级社会和剥削社会来说，消灭阶级、消灭剥削，建设一个公平、正义、共富、和谐的社会，才是人类的共同道路。用中国哲学的话说，叫天下为公、世界大同之路，用历史唯物主义关于社会形态发展理论来说，这是人类解放之路、是共产主义道路。世界通向这个共同道路的方式和方法可以各不相同，并且肯定会有先后、有迟早，但对人类社会而言，剥削制度不会是永恒的、亘古不变的。私有制度是在一定条件下产生的，也会在一定条件下终结，作为私有制的最高发展阶段的资本主义制度形式也是如此。消灭剥削、消灭两极分化、消灭私有制，走向公平共富的社会，这才是人类发展的普遍规律。《共产党宣言》的不朽价值，就是向全人类揭示了这个普遍规律，并号召全世界劳动者团结起来为此而奋斗。

我们反对西方包藏政治图谋的普世价值论，并不违背世界发展潮流，不是与世界发展相脱离，因为我们不是反对自由、民主、平等、人权、法治这些人类认可的共同价值，相反我们在努力建设社会主义的自由、民主和人权制度。我们反对的是西方某些国家或学者怀着文化自大狂的优越心态，把西方价值观念和制度模式化，视之为放之四海而皆准的普世模式。普世价值论的本质就是西方制度模式化，是以普世价值为软实力的西方资本主义制度的优越性和不可超越性的话语霸权。

国内外都有学者批评中国特色社会主义道路脱离世界发展道路、脱离人类发展道路，要中国回归人类发展道路，讲的就是回归普世价值的道路。他们说，这是中国从“专制”“独裁”的社会主义，回归“自由”“民主”的资本主义。实际上，就是要中国割断自己的历史传统，摒弃中国文化特点和社会主义道路，期待中国重蹈“红旗落地”的覆辙。

在道路问题上也还有另一种主张，这就是回归儒家、回归传统。最激烈的说法是儒化中国共产党、儒化社会主义。表面上，它与回归世界、回归人类的新自由主义道路是双峰对峙，其结果实际上是殊途同归。中国特色社会主义是我们生活其中的现实的社会，共产主义社会是我们的理想。人在站立的时候，总是双脚立地、背面对后、两眼朝前。社会发展也是一样。社会永远是立足现实、背靠传统、关注未来。而不能是相反的，脱离现实、脸向过去、背对未来。社会发展是往前走的，人的追求不能与社会发展的方向相背而行，而只能相向而行。

在笔者看来，背靠传统，就是继承传统、弘扬传统、创新传统，而不是回归传统。正如儒学一样，需要继承、发扬而不是回归。历史是曾经的存在，现实是当代的存在。传统是历史与现实之间连续性的文化串线。历史对现实有深刻的影响，即它的文化基因具有某种遗传性。儒学传统要继承，但要与时俱进，而不是回归。习近平总书记明确指出，“历史总是要前进的，历史从不等待一切犹豫者、观望者、懈怠者、软弱者。只有与历史同步伐、与时代共命运的人，才能赢得光明的未来。”①

“治世不一道，便国不法古”。社会主义有自己的发展规律。中国当代的现实，是社会主义社会的现实。社会主义有自己不同于封建社会的经济基础和上层建筑，有不同于以往任何社会制度的新的指导思想、新的政治制度。我们是生活在21世纪的当代人，是生活在建设中国特色社会主义的当代人。站在当代，我们应该重视中国传统文化，吸取中国传统文化的优秀思想，但不可能在社会制度的建设和思想指导观念上，回归传统、回归儒学。以儒化作为中国道路和方向的指导，只会断送中国的社会主义。

中国特色社会主义道路是一条光辉的道路，也是一条充满困难的道路。我们党清楚知道，老百姓对现实问题有议论、有不满意。当代的问题是现实问题，而不是古代人的问题。现实问题，必须坚持以马克思主义为指导，以问题为导向，采取历史唯物主义方法进行分析，寻找它的现实原因，提供有效的解决方法。传统文化包括其中占主导地位的儒家学说，可以为我们解决问题提供思想资源、提供启发智慧，但传统文化不可能为它们从来不曾经历的两千年后的问题提供预案和答案。对中国道路上存在和出现的问题，儒化不是

① 《习近平谈治国理政》第二卷，外文出版社2017年版，第32页。

出路，西化更不是出路，出路在于继续深刻研究和把握中国共产党执政规律、社会主义发展规律、人类社会发展规律，坚持社会主义方向，坚持全面从严治党。执政党的规律不可违背，社会主义的基本规律不可违背，人类社会发展的规律不可违背。治党必须从严。如果管党不力、治党不严，人民群众反映强烈的党内突出问题得不到解决，那么我们迟早会失去执政资格，不可避免被历史淘汰。不懂历史辩证法，不懂得失成败在一定条件下可以转化，是非常危险的。殷鉴不远，岂能忘之。《易经》中说，“君子终日乾乾，夕惕若，厉无咎”，应该成为我们的座右铭。我们一定要以不忘初心之志，以兢兢业业、如履薄冰之心，走符合社会主义规律的中国道路。

三、中国道路的文化自信

习近平总书记说：“当代中国的伟大社会变革，不是简单延续我国历史文化的母版，不是简单套用马克思主义经典作家设想的模板，不是其他国家社会主义实践的再版，也不是国外现代化发展的翻版。”① 这是习近平总书记在新的历史

① 《习近平谈治国理政》第三卷，外文出版社 2020 年版，第 76 页。

条件下，对毛泽东《论人民民主专政》一文总结中国革命历史经验的进一步发展，说明了中国特色社会主义道路的创造性。

中国道路不是重复母版、模板、再版、翻版。这四个“不是”，就包括三个“化”字。不是简单套用马克思主义经典作家设想的模板，不是其他国家社会主义实践的再版，就是强调马克思主义中国化，要与中国实际和文化相结合；不是简单延续我国历史文化的母版，就是强调中国社会制度和道路不能儒化，以儒学为主导的传统文化要创造性转化和创新性发展；不是国外现代化发展的翻版，就是强调中国的现代化是社会主义现代化，而不是西化。

马克思主义中国化，这是最根本的化。没有这个化，一切都无从谈起。中国革命和社会主义建设，尤其是中国的改革开放，中国特色社会主义道路，不是简单套用马克思主义经典作家设想的模板，不是苏联社会主义实践的再版，因为我们是从中国实际出发，以马克思主义作为指导思想寻求适合中国发展的道路。中国民主革命走的是一条农村武装割据，由农村包围城市的道路，而不是马克思和恩格斯设想的巷战，也不是苏联走过的城市武装起义；社会主义革命和社会主义建设，我们也是从以俄为师到走自己的路。社会主义革命我们实行的是和平赎卖，分清民族资产阶级和官僚买办资产阶级，而不是一锅煮；社会主义建设，我们是强调正确处理十大关系；强调正确处理两类不同性质的矛盾；改革开放，我们强调坚持社会主义方向，强调一个中心两个基本点，强调四项基本原则；等等。很显然，这些都不是简单套用马克思主义经典作家设想的模板，更不是苏联社会主义实践和改革的再版。不用多解释，中国革命、建设、改革，走的是马克思主义中国化的道路。如果没有从实际出发，没有坚持实事求是的马克思主义基本原则，中国革命、建设和改革不可能取得成功。当然，马克思主义中国化并没有结束，正如习近平总书记所说，“坚持不忘初心、继续前进，就要坚持马克思主义的指导地位，坚持把马克思主义基本原理同当代中国实际和时代特点紧密结合起来，推进理论创新、实践创新，不断把马克思主义中国化推向前进。”①

不是简单延续我国历史文化的母版，就是中国传统文化的创造性转化和创新性发展问题。中国革命不可能延续我国历史文化的母版，因为中国历史上从来没有出现过社会主义革命，何来母版。中国共产党领导的革命是推翻旧的社会制度的革命，是社会形态的变化，不是中国历史上的王朝更

① 《习近平谈治国理政》第二卷，外文出版社 2017 年版，第 33 页。

替、改朝换代。正因为这样，中国共产党的成立才是中国开天辟地的大事变，中国革命和社会主义建设才是在中国历史上没有母版可遵循的伟大创造。无论是《礼记·礼运篇》中的“大道之行也，天下为公”的“大同”和“小康”理想，或是太平天国的《天朝田亩制度》的废除封建土地私有制、均贫富的思想，虽然包含丰富的思想资源，但都不可能成为中国革命和社会主义建设的母版。它们是原始的空想社会主义，或农业社会主义。我们坚持的是科学社会主义，中国特色社会主义本质上就是马克思主义的科学社会主义，而不是别的什么主义。

儒家学说，是封建社会王朝的母版，而且是王朝守成的母版，而不是开拓创新的母版。这是历代王朝倡导以儒治国的原因，怎么可能成为中国特色社会主义道路的母版呢！当然，不是母版，丝毫无损于中国传统文化的博大精深，不影响以儒学为主导的中国传统文化对我们的思维方法、道德修养、人文教化、治国理政的巨大思想价值。应该反对儒学政治化、儒学宗教化，在社会主义时代应该重视儒学的文化本质。但从道路和旗帜的角度说，从重建理想和信仰的角度说，我们绝不能走以儒化国、以儒化党的道路。我们要治理的是社会主义国家，我们要重建的理想、信仰、价值，是社会主义和共产主义的理想、信仰、价值。中国共产党之所以叫中国共产党，就是因为它从成立之日起我们党就把共产主义确立为远大理想。

任何一个关注现实的人都能看懂，中国共产党内的腐败分子、党内蛀虫，并不是因为失去对儒学的信仰，而是因为丧失对社会主义和共产主义的信仰。我们社会出现的一些道德失范和价值观念混乱，也不是因为失去对儒家的信仰，而是伴随当代中国社会深刻变化而出现的副产品，或者说是社会代价。

我赞同我们应该学习中国传统文化的经典，包括文学如唐诗宋词，总之，中国传统文化中宝贵的东西我们都应该珍重。但我们也应该明白，社会矛盾永远是现实的，我们直面的问题永远是当前。现代人的信仰和价值永远应该是与时代相适应的。

任何国家在走出传统社会后都要实现现代化，中国也一样。但中国的现代化是中国式现代化，是中国共产党领导的社会主义现代化，而不是西方现代化的翻版。现代化，是使用最多的一个概念。可是何谓现代化，实现什么样的现代化，这取决于时代背景，取决于各国历史的、文化的特点，特别是取决于社会制度的本质。

中国从社会主义制度确立开始，就把逐步实现社会主义工业、农业、国防和科学技术现代化作为我们的奋斗目标。

经过70多年的建设，我们在不断深化现代化的内涵，包括推进国家治理体系和治理能力的现代化，发展社会主义市场经济，发展社会主义协商民主制度，建设中国特色社会主义法治体系，等等。但无论中国现代化的内涵怎样深化，有一点是不会变的，我们搞的是社会主义现代化，而不是资本主义现代化。如果我们摒弃中国特色社会主义基本经济制度和政治制度，偏离中国道路，在现代化问题上不加分析地接受西方话语抽象鼓吹的国家现代化，改变中国所谓的“一党专政”，放弃中国共产党领导；鼓吹思想市场化，放弃马克思主义的指导地位，借助思想多元来反对指导思想的一元化；鼓吹军队国家化，反对党对军队的领导，如此等等，这实际上是在现代化的名义下偷梁换柱，把社会主义现代化变成西化翻版。

毫无疑问，资本主义现代化是人类社会摆脱传统社会后的巨大历史进步，但西方现代化是通过向海外殖民实现的，是同侵略、掠夺、剥削、扩张密不可分的。日本也是脱亚入欧，通过实行现代化，走向军国主义，疯狂向外扩张和侵略。我们只看到西方发达资本主义国家变得富强、文明，可忘记了资本主义现代化给世界、给大多数被殖民国家带来的巨大灾难。马克思曾经说过，“当我们把目光从资产阶级文明的故乡转向殖民地的时候，资产阶级文明的极端伪善和它的野蛮本性就赤裸裸地呈现在我们面前，它在故乡还装出一副体面的样子，而在殖民地它就丝毫不加掩饰了”[①]。

资本主义现代化的本质是资本本性的扩张。海外殖民就是资本扩张，但它号称输出文明。实际上像马克思当年说的，被殖民的国家“失掉了他们的旧世界而没有获得一个新世界，这就使他们现在所遭受的灾难具有一种特殊的悲惨色彩”[②]。如果说，当年西方资本主义在输出文明的口号下，给世界带来的是灾难；当代在强行输出普世价值的口号下，带来的同样是灾难。只要看看中东，看看非洲某些被“民主化”的国家，看看他们战火纷飞、家园破碎、难民如潮的处境，自然就能明白。

社会主义现代化与西方资本主义现代化会有某些共同点，有可借鉴的东西，但绝不是西方现代化的翻版。时代不同、社会制度不同、文化底蕴和传统不同，现代化的道路也不同。中国的文化是和平的文化，而不是扩张的文化。中国是在取得民族独立建立社会主义制度之后，逐步推进现代化的。我们是在被资本主义世界封锁的情况下，完全依靠独立自主、自力更生，依靠党的领导和人民的力量实行现代化。在经济全球化的背景下，我们是通过深化改革开放，在世界交往中继续推进社会主义现代化。我们的现代化，没有殖

① 《马克思恩格斯选集》第 1 卷，人民出版社 2012 年版，第 861—862 页。

② 《马克思恩格斯选集》第 1 卷，人民出版社 2012 年版，第 850 页。

民、没有掠夺，而是互利共赢；没有血与火，没有战争，而是构建人类命运共同体。中国实现社会主义现代化，是增强世界和平、防止战争的力量，是促进世界和平发展的力量。这是与西方现代化进程伴随殖民、战争和掠夺迥然不同的两种类型的现代化。中国实现现代化，是对世界、对人类和平的重大贡献。

社会主义现代化不是西方现代化的翻版，但我们重视对西方现代化的研究。它的成绩、现代化中存在的问题，都能为我们提供经验和教训。我们是后发国家，我们有条件也应该避免西方在现代化中出现的种种问题。我们也不会忘记它们对中国现代化的影响和某种推动。但笔者不赞同中国现代化的动力是外生的，与中国历史自身发展的内在要求无关。外因是条件，内因才是根据。中国是一个有几千年文化传统的民族，是一个蕴藏并积蓄了几千年文明内在力量的民族，是一个在近代饱受侵略和掠夺，积蓄着追求民族复兴、追求民富国强强大力量的民族。现代化是中国革命题中应有之义。把中国现代化，视为简单的外力——反应模式，而不是中国内在力量的要求，是一种错误的历史观。这种历史观导致的结论，就是中国现代化应该拜西方侵略之赐，像有些人无耻宣称的，如果中国能被西方殖民三百年，就可以从洋人手里接受一个现成的现代化中国。这种观点何等荒谬！

四、结语

中国特色社会主义道路是实现中国式现代化的必经之路，是创造人民美好生活的必由之路。我们对道路的自信，源自对文化的自信。中国不仅有五千多年文明发展孕育的中华优秀传统文化，还有中国共产党和中国人民在伟大斗争中孕育的革命文化和社会主义先进文化。文化不仅是知识、智慧的积累，更是一个民族最深层的精神追求。中国近百年历经劫难而九死无悔，“拼将十万头颅血，须把乾坤力挽回”，其中闪烁的就是“我以我血荐轩辕”的中华民族文化精神。

责任编辑：毕于慧
封面设计：王欢欢
版式设计：汪　莹

图书在版编目（CIP）数据

马克思主义和中国传统文化十二讲 / 陈先达 著. — 北京：人民出版社，2023.8（2024.4 重印）

ISBN 978 – 7 – 01 – 025771 – 6

I. ①马…　II. ①陈…　III. ①马克思主义 – 发展 – 研究 – 中国　②中华文化 – 研究　IV. ① D61　② K203

中国国家版本馆 CIP 数据核字（2023）第 112710 号

马克思主义和中国传统文化十二讲

MAKESIZHUYI HE ZHONGGUO CHUANTONGWENHUA SHIERJIANG

陈先达　著

人民出版社 出版发行
（100706　北京市东城区隆福寺街 99 号）

北京中科印刷有限公司印刷　新华书店经销

2023 年 8 月第 1 版　2024 年 4 月北京第 4 次印刷
开本：880 毫米 ×1230 毫米 1/32　印张：8.25
字数：139 千字

ISBN 978 – 7 – 01 – 025771 – 6　定价：48.00 元

邮购地址 100706　北京市东城区隆福寺街 99 号
人民东方图书销售中心　电话（010）65250042　65289539